Ute und Peter Freier
Wanderungen in Irland

Kultur zu Fuß

Wanderungen in Irland

Ute und Peter Freier

61 Farbabbildungen,
30 Tourenkarten
und eine Übersichtskarte

Kultur zu Fuß

STEIGER VERLAG

Die Autoren:
Ute und Peter Freier sind seit mehreren Jahren als freie Autoren für Wanderführer tätig. Zahlreiche Reisen haben sie in den letzten Jahren nach Irland geführt. Die Touren in diesem Band wurden alle aktuell recherchiert und fotografiert.

Die Deutsche Bibliothek - CIP-Einheitsaufnahme

Wanderungen in Irland / Ute und Peter Freier. - Augsburg : Steiger, 1996
(Kultur zu Fuss)
ISBN 3-89652-000-8
NE: Freier, Ute; Freier, Peter

Alle Informationen und Hinweise ohne jede Gewähr und Haftung.

Es ist nicht gestattet, Abbildungen dieses Buchs zu scannen, in PC's oder auf CD's zu speichern. Ebenso unzulässig ist die Veränderung oder Manipulation in PC's/Computern, es sei denn mit schriftlicher Genehmigung des Verlags.

Gedruckt auf chlorfrei gebleichtem Papier.

Steiger Verlag
© 1996 Weltbild Verlag GmbH, Augsburg
Alle Rechte vorbehalten
Kartenskizzen: Ingenieurbüro für Kartographie Heidi Schmalfuß, München
Umschlaggestaltung und Layoutentwurf: Steinkämper Grafikdesign, Igling
Satz und Layout: Gesetzt aus der 9/10p Rotis Sans Serif von Michael Wehrle, Weltbild Verlag, Augsburg
Kleinformatiges Bildmotiv auf der Einbandvorderseite: Tony Stone Bilderwelten / Foto Alain Le Garseur, alle anderen Fotos in diesem Band stammen von Ute und Peter Freier, Neuffen
Einbandvorderseite: Glenveagh Castle; kleines Motiv: Dungaire Castle, Galway;
Einbandrückseite: Sleave League; Seite 1: Lismore Castle; Seite 2/3: Cloonee Lough
Reproduktion: ColorLine, Verona
Druck und Bindung: Holzer in Weiler
Printed in Germany
ISBN 3-89652-000-8

Inhaltsverzeichnis

Einleitung	7
1 Auf der Halbinsel Cooley	20
2 Das Tal von Glendalough	24
3 Im Wicklow Mountains National Park	28
4 Das Tal des Suir	31
5 Die Knockmealdown Mountains	34
6 Auf der Halbinsel Béara	37
7 In den Slieve Miskish Mountains	40
8 Im Seengebiet von Killarney	43
9 Im Killarney National Park	47
10 Durch den Gap of Dunloe	51
11 Das Glencar Valley	55
12 An der Südküste der Halbinsel Iveragh	58
13 Aussichtsberg Mount Eagle	62
14 Die Bucht Smerwick Harbour	65
15 Am Fuß des Brandon Mountain	68
16 Cliffs of Moher	72
17 Burren – steiniges Land	75
18 In den Bergen von Connemara	79
19 Killary Harbour	82
20 Heiliger Berg Croagh Patrick	85
21 Altes Kulturland bei Sligo	89
22 In den Bricklieve Mountains	92
23 Die Klippen von Slieve League	95
24 Im Tal von Glencolumbkille	99
25 In den Bergen von Donegal	102
26 Im Glenveagh National Park	105
27 Die Küste von North Antrim	108
28 Naturschutzgebiet Murlough Bay	112
29 In den Glens of Antrim	115
30 In den Mourne Mountains	119
Reiseinformationen	123
Ortsregister	128

Einleitung

■ Landschaftsstruktur

Wie einen Unterteller kann man sich die Form Irlands vorstellen: in der Mitte flach, außen ein Kranz von Bergen. »Central Plain« wird deshalb diese Ebene genannt, durch die sich der längste irische Fluß, der Shannon, windet. Wie er verbreiten sich auch andere Wasserläufe immer wieder, so daß es vor allem im nördlichen Teil der Insel zahlreiche Seen gibt.

In ihnen spiegeln sich zerklüftete Gipfel, schiffsbugartig vorspringende Tafelberge, abgerundete Kuppen oder steil ansteigende Bergkegel – äußerst vielfältig ist die Form der Berge, deren höchster der Carrauntuohil (1039 m) ist. Je nach Gesteinsart wirken die Berge wie klobige Massive, oder sie sind von Karen ausgehöhlt. Zuweilen krönt ihren Gipfel eine helle Haube aus Geröll, oder sind sie bedeckt von heidebewachsenem Flachmoor.

Im Westen und Nordwesten der Insel, wo mehr Regen fällt als sonstwo in Irland, erstrecken sich ausgedehnte »boglands« auch in tieferen Lagen: Hochmoore, deren Entstehung nach dem Rückzug der Gletscher der letzten Eiszeit begann, als sich in Feuchtgebieten Moore bildeten, die nach und nach sowohl in die Höhe als auch in die Breite wuchsen. Da der moorige Boden für Ackerbau nicht geeignet ist, sind diese Gegenden nur dünn besiedelt, wirken riesige Flächen – insgesamt 17 Prozent der Gesamtfläche Irlands –, vor allem im Co. Mayo, öd und leer.

Trockener und dadurch fruchtbarer ist der Ostteil der Insel. So sind weite Teile Nordirlands bewirtschaftetes Acker- und Weideland, finden sich Getreidefelder vor allem im Südosten, sind an der geschützt liegenden Ostküste die größten Städte. Die Westküste hingegen ist ständig dem Wind und den Wellen ausgesetzt, zerklüftet und zerteilt durch weit ins Meer vorspringende Halbinseln, Buchten und Meereseinschnitte, vor denen felsige Inseln liegen.

■ Wanderwegenetz

Die Vielfalt der Landschaft macht Irland zu einem Wanderparadies. Allerdings nur unter einer Bedingung: Man muß akzeptieren, daß »walking« in Irland bedeutet, auch auf Asphalt zu wandern. Und dies eröffnet unbegrenzte Möglichkeiten, denn das Land ist durchzogen von »boreens«, engen, kaum befahrenen schmalen Straßen, die Gehöfte und Weiler miteinander verbinden, sich zwischen Feldern und Weiden hindurchschlängeln, die eingerahmt sind von blühenden Hecken oder Trockensteinmauern.

Einleitung

Straßenschilder weisen in zwei Sprachen den Weg: auf Englisch und auf Irisch, das bis ins 12. Jh. von allen Bewohnern gesprochen wurde.

»Country walking« wird diese Art des Wanderns genannt, die man rasch zu schätzen beginnt, bringt sie den Wanderer doch in Kontakt mit den Bewohnern.

Das Wandern in den Bergen, »hill-walking«, ist nicht gleichzusetzen mit der bei uns üblichen Vorstellung von Wandern. Denn schnell läßt man beim Aufstieg die Zivilisation hinter sich, befindet sich dann im »open country«, im offenen Gelände. Langgezogen und kahl sind die Bergrücken, bedeckt mit heidebewachsenem Torfboden, gegliedert durch vom Wasser oder Wind ausgehöhlte Rinnen, die das Gehen und Orientieren erschweren. Es ist öffentliches Land, auf dem Schafe weiden und auf dem Wanderer sich frei bewegen können auf Pfaden und Trampelwegen, die jedoch meist nicht markiert sind.

Markierungen (Ww.) finden sich an den Fernwanderwegen, »long distance walking paths«, die in den letzten Jahren angelegt wurden und in den landschaftlich reizvollsten Gebieten Irlands verlaufen. Wandermöglichkeiten zu schaffen für alle, auch für Unerfahrene oder Familien – das war erklärtes Ziel der staatlichen, mit dem Ausbau des Wegenetzes beauftragten Behörde, weshalb große Höhen umgangen und, wo möglich, alte Pfade, Waldwege und »boreens« benutzt werden. Die Markierung ist unauffällig und sparsam: ein Meter hohe Holzpfosten mit dem Symbol eines Wanderers in Gelb stehen nur dort, wo der Weg seine Richtung ändert.

Einen Überblick über die bereits ausgeschilderten Wege – momentan 1700 Kilometer, und es sollen noch

Eine staatliche Behörde ist zuständig für den Ausbau von Fernwanderwegen, auf denen es bald möglich sein soll, die Insel zu Fuß zu umrunden.

mehr werden – gibt die Karte »Walking Ireland«, die beim irischen Touristenverband erhältlich ist.

■ Anforderungen an den Wanderer

Wandern in Irland bedeutet sowohl Unterwegssein auf asphaltierten Straßen in dünn besiedelten Tälern als auch in pfadlosem, einsamem Bergland. Dementsprechend variiert die Summe der Höhenmeter, die im Verlauf der einzelnen hier beschriebenen Touren zu überwinden ist, zwischen Null und knapp 800 Metern, und dementsprechend unterschiedlich sind auch die Anforderungen an die Kondition.

Beabsichtigt man, die leichten Touren zu wählen (Tour 2, 4, 6, 8, 11, 14, 16, 29), genügt ein guter Allgemeinzustand; für die längeren Touren jedoch sollte man durch vorherige, regelmäßige sportliche Aktivität vorbereitet sein. Trittsicherheit und Schwindelfreiheit ist nur in einem Fall vonnöten (Tour 23), da bei der Auswahl der Touren nicht Schwierigkeitsgrade, sondern kulturelle Besonderheiten im Vordergrund standen.

Trotzdem sollte der Wanderer in der Lage sein, mit einer topographischen Karte umzugehen: Ein Kompaß ist nicht erforderlich, vorausgesetzt, man begibt sich nicht bei wolkenverhangenem Himmel in die Berge, und darauf sollte man sich keinesfalls einlassen. Gerät man trotz aller Vorsichtsmaßnahmen in eine Situation, in der man nicht weiter weiß, ist der beste Weg immer der Weg zurück.

■ Wandern zu jeder Jahreszeit

Das Wetter in Irland, Gesprächsthema Nr. 1 generell, aber speziell für alle, die wandern wollen. Denn Regen und Sonnenschein wechseln sich hier viel rascher ab als in Mitteleuropa. Vor allem im Westen der Insel ziehen die Wolkenfronten herein, bleiben an den Bergen hängen, regnen ab. So ist hier die Niederschlagsmenge doppelt so hoch wie im Osten.

Weniger Regen und mehr Sonnenstunden machen den Osten und Südosten, zutreffend und werbewirksam »Sunny South East« genannt, zu einem Gebiet, in dem das

Wandern in den Bergen – hier in den Wicklow Mountains – ist vor allem im Juli sehr reizvoll, wenn die Heide blüht.

Wer statt zu wandern einmal radfahren möchte, kann sich in den größeren Städten ein Fahrrad leihen und Sehenswürdigkeiten wie z. B. den Rock of Cashel anfahren.

Wetter stabiler und dadurch »wandererfreundlich« ist. Wärmer ist es nur noch im Südwesten, wo die jährliche Durchschnittstemperatur auf 10,8° C klettert.

Verantwortlich dafür ist der Golfstrom, der an der südwestlichen Küste vorbeizieht. Die ihn begleitende Brise bewirkt, daß es hier im Sommer zwar nur manchmal wärmer wird als 24°C, dafür aber im Winter die Temperaturen auch selten unter 0°C fallen, Schneefälle folglich selten sind, höchstens im Januar und Februar in großen Höhen auftreten.

Für den Wanderer bedeutet dies Wandervergnügen rund ums Jahr, wobei die schönsten Monate, was Wetter und Vegetation anbetreffen, Mai und Juni sind. Juli und August hingegen sind die idealen Monate für denjenigen, der Wandern mit Baden verbinden möchte.

■ Andere Freizeitaktivitäten

Sport

An der insgesamt 5600 km langen Küstenlinie gibt es ausgedehnte Sandstrände, die zum Baden oder Strandspaziergang einladen; vor allem an der Ostküste nördlich und südlich von Dublin, aber auch im Westen, z.B. auf der Halbinsel Dingle, wo die Wassertemperaturen durch den Golfstrom recht angenehm sind.

Wer sich gerne einmal tragen läßt, der kann an zahlreichen Stellen, vor allem in Hotels, ein Pferd mieten und ausreiten, stundenweise oder gar für mehrere Tage, wenn er sich einer organisierten Pony-Trekking-Tour anschließt.

Trekking ist auch gut per Rad möglich, auf den unzähligen ruhigen Nebenstraßen, denn speziell angelegte Radwege gibt es so gut wie nicht. Mit einer guten Straßenkarte und ebensolcher Kondition kann man auf individuell zusammengestellten Touren Kultur »erfahren«. Fahrräder können in allen größeren Städten tageweise oder länger gemietet werden.

Wer schon immer einmal den Golfschläger schwingen wollte, hat in Irland die Gelegenheit, dieses zu erlernen, denn Golf hat hier Volkssportcharakter. Trainerstunden und Platzbenützungsgebühren sind günstig, und es gibt auch Golfplätze, auf denen Anfänger gleich spielen dürfen. Golfspieler mit Handicap haben die Auswahl unter rund 250 Plätzen.

Ein weiterer Sport mit zahlreichen Anhängern ist Angeln, was nicht erstaunt bei der riesigen Anzahl an Gewässern. Solange man nicht Lachsen und Forellen nachstellt, kann man auch ohne Lizenz angeln.

Natur
Irland – die grüne Insel. Grün sind die Wiesenflächen in den Tälern, grün die Weiden, die sich die Berghänge hinaufziehen, unterteilt durch Trockenmauern, die mit Moos und Farn bewachsen sind, grün die Hecken, die die Sträßchen säumen, mitunter in Weiß oder Rot blühend. Einst aus wirtschaftlichen Gründen angelegt – die Hecken sollten dem Vieh Windschutz bieten und es zugleich am Verlassen der Weide hindern –, sind diese »hedgerows« heute ein prägendes Merkmal der Landschaft und wertvolle Biotope. Denn inzwischen wachsen hier rund 60 verschiedene Pflanzenarten: unscheinbare Moose und Flechten, auffällig blühende Sträucher wie beispielsweise Fuchsien, Bäume wie der weiß blühende Weißdorn. Für Tiere stellen diese kilometerlangen Heckenreihen inzwischen einen »Waldersatz« dar.

Wald ist selten geworden auf der Insel. Nur das Wort »derry«, auf irisch »dare/doire«, was soviel wie Eiche bedeutet, weist noch darauf hin, daß bis vor 5000 Jahren dichter Mischwald, vorwiegend aus Eichen beste-

Trockenmauern, aufgeschichtet aus Feldsteinen und ohne Verwendung von Mörtel, sind die Arbeit von Generationen ansässiger Landwirte.

Leuchtend rot blühen im Juni die Fuchsien in den Hecken, die Straßen und Felder säumen.

hend, ganz Irland bedeckte. Doch durch die Ausbreitung der Landwirtschaft, aber vor allem durch das systematische Fällen der riesigen, beim Bau von Hafenanlagen und Schiffen begehrten Eichenstämme wurde der Wald so stark reduziert, daß zu Beginn des 18. Jh. die Insel kahl geschlagen war. Alarmiert begannen die Landbesitzer mit der Aufforstung von Laubbäumen, doch auch diese waren nach rund 200 Jahren wieder abgeholzt, so daß heute nur noch kleine Bestände erhalten sind, u. a. bei Glendalough, in den Glens of Antrim und vor allem bei Killarney. Ganz anders die seit Beginn dieses Jahrhunderts durch das Forstministerium angelegten Aufforstungen von Nadelbäumen, vor allem Sitkafichte, die nicht in Irland heimisch sind, aber bereits nach 40 Jahren – Eichen erst nach 100 Jahren – als Nutzholz gefällt werden können. Inzwischen sind sechs Prozent der Fläche Irlands mit diesen Nutzwäldern bedeckt: Monokulturen, die keine natürlichen Lebensräume darstellen, weshalb hier weder Blumen noch Vögel zu finden sind.

Baumlos sind die Hochflächen der Berge, die meist mit Flachmoor bedeckt sind: saurer Boden, auf dem nur Pflanzen mit geringem Nährstoffbedarf wachsen. Verschiedene Gräser sind es und dort, wo es etwas trockener ist, die beiden rot blühenden Erikagewächse Besenheide und Moor- oder Glockenheide, oft zusammen mit Blaubeere und Krähenbeere. Der Boden ist durchzogen von seichten Tümpeln, in denen Torfmoose schwimmen. Sie sowie die jährliche Niederschlagsmenge – mehr als 1250 mm – sind dafür verantwortlich, daß auch auf den Höhen solche »blanket bogs« entstehen. Eine Entwicklung, die in Irland schon um 3500 v. Chr. einsetzte, als infolge einer Klimaveränderung das Moor »zu wachsen« begann und Gebäude, landwirtschaftliche Flächen und Waldgebiete mit einer ein bis zwei Meter starken Torfschicht zudeckte.

Aus der Ferne noch karger wirkt das Kalksteingebiet Burren, eine baumlose, steinige Hochfläche, die aber zu den botanisch interessantesten Gebieten Irlands zählt. In den Rissen und Spalten wachsen Pflanzen nebeneinander, die zu verschiedenen Vegetationsbereichen gehören, z. B. Silberwurz, Blauer Enzian, Orchideen. Gletscher brachten während der letzten Eiszeit Samen von Pflanzen nördlicher Breitengrade mit, die sich nach dem Rückzug des Eises neben der hier heimischen südlichen Flora ansiedelten. Ein Phänomen, das nur möglich ist aufgrund der ganz speziellen Licht- und Klimaverhältnisse in diesem Gebiet.

Das ganzjährig milde Klima in Irland ist auch die Voraussetzung dafür, daß sich hier Pflanzen wohlfühlen, die sonst nur in südlichen Gefilden zuhause sind wie Palmen und Rhododendron. Dieses spektakulär rot blühende Hartlaubgewächs, vor Millionen von Jahren heimisch in Irland, dann aufgrund der Eiszeiten verschwunden, wurde im 18. Jh. wieder eingeführt, um die zahlreichen Parkanlagen der wohlhabenden Landbesitzer zu schmücken. Heute ist er längst den Gärten entflohen und stellt aufgrund seines unbezähmbaren Wachstums eine Bedrohung dar für andere Pflanzen.

Ab dem 7. Jh. wurden in den Klosteranlagen verzierte Steinkreuze aufgestellt.

■ Exkurs in die Geschichte

Das keltische Irland
(500 v. – 500 n. Chr.)
Die Kelten wandern um 500 v. Chr. nach Irland ein. Ihr Einfluß bestimmt die irische Kultur bis heute: Sie bringen die gälische Sprache mit, aus der sich das Irisch entwickelt, das bis ins 12. Jh. auf der Insel von allen gesprochen wird. Bis heute hat sich auch ihre Vorliebe für das Musizieren – Harfe, Flöte, Dudelsack –, Erzählen und Tanzen erhalten, Tätigkeiten, die sie bei Versammlungen pflegten.

Frühes Christentum und
Hochmittelalter (5. –12. Jh.)
Im 5. Jh. beginnt sich das Christentum in Irland auszubreiten, angeblich vom Heiligen Patrick hierher gebracht. Es setzt sich innerhalb eines Jahrhunderts durch. Diese schnelle, widerstandslose Annahme des neuen Glaubens ist nur dadurch zu erklären, daß die christliche Phi-

losophie von den keltischen Druiden angenommen wurde, da sie ihrer eigenen ähnlich war. Schon im 6. Jh. werden Klosteranlagen gegründet, die später zu wichtigen Zentren des kulturellen Lebens werden.

Irische Mönche ziehen in andere Länder hinaus, u. a. auch nach Deutschland, um zu missionieren. Sie haben entscheidenden Einfluß auf die Verbreitung des Christentums. In Irland entwickeln sich die Stätten, an denen Heiliggesprochene – ehemalige Missionare wie Patrick, Kevin, Colmcille – sich aufgehalten haben sollen, zu Pilgerstätten (Croagh Patrick, Brandon Mountain, Station Island im Lough Derg u. a.).

Eroberung durch die Normannen
Im 12. Jh. bittet der Ex-König der Provinz Leinster, McDermott, den in Wales lebenden normannischen Krieger Strongbow um Hilfe bei der Zurückeroberung seines Königreichs. Als Gegenleistung für die militärische Unterstützung fordert Strongbow die Tochter des Königs und wird nach dessen Tod König von Leinster. Seine Krieger lassen sich in den Tälern im Südosten der Insel nieder und beherrschen fortan die Osthälfte Irlands. Zur Sicherung ihres Besitzes bauen sie Burgen und befestigte Städte wie Kilkenny und Cahir.

Der englische König, Lehnsherr von Strongbow, beansprucht die Oberhoheit über Irland und wird von Strongbow sowie den keltischen Königen anerkannt. Damit beginnt die Einflußnahme der englischen Krone in Irland.

Englische Vorherrschaft
Über die Jahrhunderte festigt sich, trotz wiederholter Rebellionen der Iren und der Anglo-Iren – Iren normannischer Herkunft –, die Macht der englischen Krone. Engländer werden in Irland angesiedelt, das Land wird mit Gewalt neu verteilt (16. Jh.), die irischen Adligen ergeben sich bzw. verlassen das Land. So fallen sechs Grafschaften in der Provinz Ulster in Nordirland an die englische Krone, die hier englische Protestanten ansiedelt.

Irische katholische Landbesitzer werden auch in anderen Teilen der Insel, vor allem im fruchtbaren Osten, vertrieben und in den Westen verbannt, bis im 18. Jh. nur noch sieben Prozent des Landes im Besitz von Katholiken sind. Durch Gesetze, die die Rechte der Katholiken drastisch einschränken und die irische Sprache verbieten, wird versucht, die irische Kultur zu zerstören. Nur in abgelegenen Teilen der Insel, u.a. auf der Dingle-Halbinsel, in Connemara, in Donegal und in den Glens of Antrim, hat sich die irische Sprache erhalten. Diese Gebiete werden heute »Gaeltacht areas« genannt.

Irischer Befreiungskampf
Gegen Ende des 18. Jh. beginnt die Opposition gegen die Abhängigkeit

von England. Ein Aufstand (1798), mit dem die Unabhängigkeit Irlands erkämpft werden soll, schlägt fehl, und Irland wird im Jahr 1801 per Gesetz zu einem Bestandteil des Vereinigten Königreichs erklärt. Doch der Kampf geht weiter. 1912 wird Irland die Selbstverwaltung zugestanden, 1921 nach zweijährigem Unabhängigkeitskrieg der Freistaat Irland gegründet, die heutige Republik Irland. Sechs Grafschaften im Norden, das heutige Nordirland, gehören noch zu Großbritannien.

■ Kulturgeschichtliches

Die folgende Auflistung kulturhistorischer Sehenswürdigkeiten gibt zugleich einen Überblick über die einzelnen Kulturepochen.

*Prähistorische Stätten
(4000 – 500 v. Chr.)*

- **Ganggräber** sind durch einen Gang zugängliche Grabkammern, ursprünglich überdeckt von einem Grabhügel; die größten und vollständig erhaltenen sind Newgrange und Knowth im Boyne Valley.
- **Megalithfriedhöfe** nennt man die Häufung von Grabkammern und Grabhügeln in Loughcrow (Co. Meath), Carrowkeel und Carrowmore (Co. Sligo), letzterer der größte Europas.

Vierzig Tonnen wiegt die Deckplatte des Proleek Dolmen, eine um 3000 v.Chr. erbaute Grabkammer.

- **Galeriegräber** heißen Grabkammern, vor denen ein offener Hof lag, vermutlich für rituelle Handlungen; bestes Bespiel in Creevykeel (Co. Sligo), es sind aber nur Fundamente erhalten.
- **Dolmen** sind frei erodierte Grabkammern mit riesigen Decksteinen; die eindrucksvollsten sind die Dolmen von Browneshill (Co. Carlow), Proleek (Cooley Pen-

insula) und Poulnabrone (Co. Clare).
- **Steinkreise** verweisen vermutlich auf Ritualzentren, u. a. Beaghmore (Co. Tyrone) und Drombeg (Co. Cork).
- **Neolithische Siedlungen** gibt es in Belderg und Ceide (Co. Mayo), wo sie aus dem Torf ausgegraben wurden, sowie am Lough Gur (Co. Limerick), wo Häuser rekonstruiert wurden.

Keltische Eisenzeit
(500 v. Chr. – 500 n. Chr.)
- **Hill of Tara** heißt der legendäre Sitz der ranghöchsten keltischen Könige, ca. 50 km nordwestlich von Dublin.
- **Ritualsteine**, verziert mit geometrischen Mustern oder in Form von Gesichtern, gibt es zu sehen, u. a. den Turoe-Stone (Co. Galway) und die Steinfigur auf Boa (Co. Fermanagh).
- **Ring forts** heißen steinerne Mauern, die einst Wohnstätten umgaben, u.a. Staigue Fort (Co. Kerry), Grianan of Aileach (Co. Donegal); sie sind besonders eindrucksvoll, wenn sie an Steilküsten liegen wie Dunbeg Promontory Fort (Co. Dingle) und Dun Aengus (Aran Islands).
- **Ogham Stones**, aufrecht stehende Steine mit Inschriften im Ogham-Alphabet, insgesamt ca. 300; der größte in Ballycrovane (Co. Cork), die meisten in Dunloe (Co. Kerry).

Frühes Christentum (5.–12. Jh.)
Ab dem 6. Jh. wurden Klosteranlagen mit Rundtürmen und Hochkreuzen gegründet, die teilweise reich verziert sind mit biblischen Szenen. Die eindrucksvollsten Anlagen sind Monasterboice (Co. Louth) mit einem der schönsten Hochkreuze, Clonmacnois (Co. Offaly) mit drei verzierten Kreuzen, Glendalough (Co. Wicklow) mit der romanischen Kirche Kevin's Kitchen, Skellig Michael (Co. Kerry; eine gut erhaltene Anlage auf einer Felseninsel), Kells (Co. Meath) mit St. Colmcille's House, einem Gebäude mit Steindach, bekannt als Herstellungsstätte des «Book of Kells» (9. Jh.). Dies ist eine Handschrift, die aufgrund ihrer kunstvollen Ausschmückung als eine der schönsten der Welt gilt, heute im National Museum in Dublin.

Im 11./12. Jh. wurden in diesen Anlagen romanische Kirchen errichtet, meist mit kunstvollen Türbögen; die schönsten sind Cormac's Chapel am Rock of Cashel (Co. Tipperary), die Kirchen in Clonfert (Co. Galway), Dysert O'Dea (Co. Clare), Kilmalkedar (Co. Kerry).

Spätes Mittelalter (12.–16. Jh.)
Neue Mönchsorden kamen im Zusammenhang mit der Invasion durch die Normannen nach Irland und erbauten Klosteranlagen mit Kreuzgang und großer Kirche. Die meisten wurden 1541 auf Befehl des englischen Königs aufgelöst und sind heute nur noch Ruinen. Die schön-

Eines der prachtvollen Herrenhäuser, das die englische Oberschicht im 18. Jh. erbauen ließ, ist Powerscourt House. Es wurde durch einen Brand zerstört.

sten, alle im 12. Jh. gegründet, sind die von Mellifont (Co. Louth), Boyle (Co. Roscommon), Jerpoint (Co. Kilkenny) und Holycross (Co. Tipperary); letztere ist die einzige, die restauriert und wieder in Benützung ist.

Burgen wurden ab dem 13. Jh. zur Absicherung ihrer Macht durch die Normannen vor allem im Ostteil der Insel errichtet; beste Beispiele befinden sich in Cahir (Co. Tipperary), Bunratty (Co. Clare), Kilkenny (Co. Kilkenny), Carrickfergus und Dunluce (beide Co. Antrim) sowie Trim (Co. Meath), die größte von allen.

Zeit der englischen Vorherrschaft
Im 18. Jh., als die Macht der englischen Besatzer ihren Höhepunkt erreichte, wurden hauptsächlich im Osten schloßartige Herrenhäuser (big houses) erbaut, umgeben von prachtvollen Parkanlagen; in der Nähe wurde ein Dorf für die Landarbeiter angelegt. Sehenswerte Beispiele sind Powerscourt House und Russborough House (beide Co. Wicklow), Muckross House (Co.

In den meisten der rund 800 Hotels Irlands gibt es Restaurants, in denen nicht nur Hotelgäste speisen können.

Schlösser, Gärten, Nationalparks zutrifft, lohnt sich der Kauf des Touristenpasses »Heritage Island«.

■ Kulturelle Veranstaltungen

Am beliebtesten sind die Veranstaltungen, bei denen »traditional Irish music« gemacht und getanzt wird. Das Wichtigste dieser »fleadhs« ist das jeweils im August in Sligo stattfindende »Fleadh Cheoil na Eireann«. »Traditional music« – Geige, Akkordeon, Trommel, Metallflöte (tin whistle) und Gesang – wird aber auch an anderen Orten im Sommer geboten, so im Siamsa Folk Theatre in Galway und in Listowel, bei den Festivals in Glencolumbkille.

Weit über die Grenzen Irlands hinaus bekannt ist das »Rose of Tralee Festival«, bei dem jedes Jahr im August eine Woche lang das schönste Mädchen irischer Abstammung gewählt wird, begleitet von einem großen Angebot an zusätzlicher Unterhaltung.

Kerry), Strokestown Manor House (Co. Roscommon), Castletown (Co. Kildare), Westport House (Co. Mayo), Florence Court (Co. Fermanagh).

Zum Schluß noch ein Tip: Hat man vor, mehrere Kulturdenkmäler zu besuchen, die vom irischen »Office of Public Works« unterhalten werden, was auf die Mehrzahl der

Paraden, kulturelle und künstlerische Veranstaltungen finden am nationalen Feiertag, dem St. Patrick's Day am 17. März, überall in der Republik statt.

Über die wichtigsten Veranstaltungen informiert eine jährlich neu vom Irish Tourist Board herausgegebene Broschüre »Calendar of events«, die in den Touristenbüros vor Ort erhältlich ist.

■ Essen und Trinken

Wichtiger Teil des sozialen und des kulturellen Lebens ist das Public House – der Pub –, er ist per Lizenz berechtigt, alkoholische Getränke auszuschenken.

Das bekannteste und am häufigsten eingenommene Getränk ist Guinness, ein dunkles, gehaltvolles Bier, das mit weißer Schaumkrone serviert wird. Seit Beginn des 18. Jh. wird es hergestellt aus gerösteter Gerste und hat seither dem Whiskey als dem bis dahin am häufigsten getrunkenen alkoholischen Getränk Konkurrenz gemacht. Bis dahin wurde das »Wasser des Lebens« in über 1000 Destillerien gebrannt, von denen einige noch heute produzieren, wie Old Bushmills und Jameson.

Ausgeschenkt wurde der Whiskey bis ins 18. Jh. in kleinen Trinkstuben, den sogenannten »shebeens«, wo sich auch die umherziehenden Erzähler und Musiker einfanden. Hier wurde, obwohl verboten, irisch gesprochen und Musik gemacht. Eine Tradition, die in den letzten Jahren stark belebt wurde, so daß heute in vielen Pubs, vor allem im Westen, am Wochenende »sessions« stattfinden.

In den letzten Jahren wurde der Pub durch den aufkommenden Tourismus auch immer mehr zu dem Platz, an dem man in zwangloser Atmosphäre essen kann (»pub food«, auch »pub grub« genannt), einfache Gerichte wie z. B. panierter Fisch, chili (Bohneneintopf mit Fleischeinlage) und Gammon Steak (gegrillter Schinken).

Wer etwas stilvoller – aber auch um einiges teurer – speisen möchte, geht in eines der zahlreichen Restaurants, die häufig in einem Hotel untergebracht sind. Die Speisekarte ist mit Vor-, Haupt- und Nachspeisen um einiges umfangreicher als in einem Pub. Als Hauptspeise ist meist Lachs oder Lammkeule empfehlenswert. Danach wird Kaffee oder Tee angeboten. Irish Coffee ist heißer Kaffee mit einem Schuß Whiskey und einer Sahnehaube.

Eine Besonderheit in Irland ist das »full Irish breakfast«, ein gehaltvolles Frühstück mit Fruchtsaft, Getreideflocken oder »porridge« (warmer Haferbrei), Tee, meist dunkles Brot (soda bread) und Toastbrot mit Orangenmarmelade sowie ein warmer Gang (»a fry«).

Dies sind nach Wunsch Spiegeleier (fried eggs), Rührei (scrambled eggs) oder verlorene Eier (poached eggs), serviert mit gebratenen Speck- oder Schinkenscheiben, angebratenen Wurstscheiben (white und black pudding), gebackenen Tomatenhälften und manchmal mit kleinen gebratenen Würstchen (sausages).

Wer Kaffee mit Brötchen und einem gekochten Ei (boiled egg) bevorzugt, der bestellt sich ein »continental breakfast«.

1 Auf der Halbinsel Cooley

Sagenumwobene Carlingford Mountains

km **19,5**
Etappen **4**
Stunden **5–6**
Höhenunterunterschied **400**

Etappen
Carlingford – Glenmore Valley 3,5 km – Windy Gap 4,5 km – Küstenstraße 4,5 km – Carlingford 7 km

Tourencharakter
Je zur Hälfte auf ruhigen Landstraßen sowie Wegen bzw. Pfaden; die Gipfel werden gemieden, trotzdem schöne Ausblicke.

Sehenswertes am Weg
Mittelalterliches Städtchen als Ausgangspunkt; Grabhügel; Kalvarienberg.

Wegmarkierung
Teilweise Markierungen des Tain Trail (Holzpfosten mit gelbem Wanderersymbol).

→ Vor Beginn der Wanderung lohnt ein Rundgang durch das am Fuß der **Carlingford Mountains** gelegene Städtchen Carlingford, eine der »Heritage Towns« Irlands.

Am Hafen fällt die massige Ruine des **King John's Castle** ins Auge, eine Ende des 12. Jh. errichtete Burg, die die Einfahrt zur Meeresbucht Carlingford Lough bewachte. In der Nähe der Burg entwickelte sich das Städtchen, in dem sich der damalige Grundriß – eine lange Hauptstraße, von der schmale Gassen abgehen – ebenso erhalten hat wie einige Gebäude aus dem 15./16. Jh. Wohlhabende Kaufleute ließen sich wehrhafte Wohnhäuser errichten wie **Taaffe's Castle** (unweit des Parkplatzes) und die **Münzpräge** (Mint; in der Tholsel Street). Im Obergeschoß des Stadttors (Tholsel) tagten einst die Ältesten.

Vom Marktplatz führt eine schmale Straße bergauf zu einer Kreuzung am Ortsrand. Der links abbiegende Fahrweg stößt auf eine Querstraße, an der eine Markierung des *Taín Trail* nach rechts, wenig später erneut nach rechts weist. An der nächsten Gabelung folgen Sie der Straße links bergauf in eine Linkskurve, in der ein markierter Pfad, der *Priest's Path*, rechts abzweigt. Er führt über einen Sattel – mit 300 Metern der höchste Punkt der Wanderung – unterhalb des **Slieve Foye (589 m)** und fällt ab in das **Glenmore Valley**.

Auf der ruhigen Landstraße wenden Sie sich nach rechts – Sie verlassen hier den Taín Trail – und erreichen nach gut 4 Kilometern im dünn

1 Auf der Halbinsel Cooley

Kalvarienberg und Kreuzweg im Garten einer Bruderschaft ziehen Besucher auch aus der weiteren Umgebung an.

besiedelten Tal die Paßhöhe **Windy Gap** inmitten der kahlen Carlingford Mountains.

Diese Stelle wird in der Sage »Táin Bó Cuailgne« (Viehdiebstahl von Cooley) erwähnt, der bekanntesten und ältesten keltischen Sage: Hier in den Bergen war der stärkste Bulle der Provinz Ulster versteckt, den Queen Maeve, die Königin des Nachbarreichs Connaught, mit ihrer Armee stehlen wollte. Doch der Held Cúchulainn verteidigte erfolgreich die Grenzen von Ulster.

An der nächsten Straßengabelung halten Sie sich geradeaus und gelangen zu **»The Long Woman's Grave«**, ein Kammergrab, von dem nur ein langgestreckter Steinhaufen

Einer der normannischen Barone, die sich im 12. Jh. in Irland niederließen, erbaute King John's Castle an strategisch günstiger Stelle am Carlingford Lough.

übriggeblieben ist. Eine spanische Schönheit – so die Sage – soll hier beerdigt worden sein, nachdem sie aus Enttäuschung gestorben war: Ein Ire hatte ihr versprochen, sie als seine Frau zu einem Ort in den Bergen zu bringen und ihr all das Land zu schenken, das sie von dort aus sehen könne.

An der folgenden Straßengabelung halten Sie sich nach rechts bergab *(Ww: Omeath)*, stets mit Blick auf Carlingford Lough und die Mourne Mountains, biegen an einer Brücke rechts ab auf einen »boreen« *(Ww: YH, Wanderwegweiser)* und erreichen bei einer Jugendherberge und einem Pub die Küstenstraße.

Sie wenden sich rechts in Richtung Carlingford, passieren einen **Kalvarienberg** und biegen nach knapp zwei Kilometern, etwa 300 Meter nach einem kleinen Hafenkai zur Linken, rechts ab zum Waldrand. Den Markierungen des Taín Trail folgend, gelangen Sie auf einem Weg, der am bewaldeten Hang des Slieve Foye parallel zur Küstenstraße verläuft, nach Carlingford.

1 Auf der Halbinsel Cooley

Informationen zur Tour

■ Ausgangsort

Carlingford (Co. Louth), besuchenswerte Kleinstadt auf der Halbinsel Cooley an der Ostküste, wenige Kilometer südlich der Grenze zu Nordirland.

■ Anfahrt

PKW: Von Dundalk auf der N1 Richtung Newry; nach 2 km rechts abbiegen und auf der R 173 und R 176 nach Carlingford. Parkplatz in Hafennähe.
Bus: Linie Dundalk – Newry, Mo–Sa mehrmals tägl.

■ Einkehrmöglichkeiten

Pub bei der Jugendherberge von Omeath. In Carlingford zahlreiche Pubs mit farbenprächtigen Fronten und Restaurants, u. a. das von Restaurantführern empfohlene »Jordans of Carlingford« (Newry Street, nur abends und Sonntag mittags geöffnet) oder der Pub »Central Bar« am Marktplatz. Dort wird die lokale Spezialität – im Carlingford Lough gezüchtete Austern – serviert.

■ Öffnungszeiten

King John's Castle, jederzeit frei zugänglich.

■ Unterkünfte

- Hostel Carlingford Adventure Centre, Tholsel Street, Tel. 0 42/7 31 00; im Zentrum von Carlingford.
- JH Ballinteskin, Omeath, Tel. 0 42/7 51 42; am Wanderweg, 5 km nördlich von Carlingford.
- B & B (bed & breakfast), u. a. Mrs. Finnegan, Carlingford House, Dundalk Street, Tel. 0 42/7 31 18; in Carlingford.
- McKevitt's Village Hotel, Market Square, Tel. 0 42/7 31 16; gemütliches kleines Village Inn am Marktplatz.

■ Tourist Information

Holy Trinitiy Heritage Centre, Carlingford, Tel. 0 42/7 34 54.

■ Karte

OSNI, 1:50 000, Blatt 29.

■ Programm für Regentage

- Holy Trinity Heritage Centre: Ausstellung zu Carlingford in Kirche (13. Jh.); geöffnet im Sommer tägl. 9.30–17, sonst Sa/So 11–18 Uhr.
- Proleek Dolmen: prähistorische Grabkammer mit riesiger Deckplatte; an der Anfahrtsstrecke (R 173) gelegen; Fußpfad vom Ballymascanlon House Hotel (hin und zurück 20 Min.); jederzeit frei zugänglich.

2 Das Tal von Glendalough

Wo der heilige Kevin lebte

Etappen
Old Mill Hostel – Poulanass River 4,5 km – Informationskiosk am Upper Lake 0,5 km – Klosteranlage 1,5 km – Old Mill Hostel 2,5 km

Tourencharakter
Auf Forstwegen durch grünes Tal mit zwei Seen; mäßiger Anstieg; gut für Familien mit Kindern geeignet.

Sehenswertes am Weg
Ruinen der frühchristlichen Klosteranlage Glendalough; ein »ring Fort«.

Wegmarkierung
Teilweise Markierung der lokalen Wanderwege.

→ Vom Parkplatz führt ein Weg durch den einstigen **Mühlenhof**, heute Craft Centre und Herberge, und am Fuß des bewaldeten Talhangs talaufwärts. Nach wenigen Minuten zweigt links ein abgeschrankter Weg ab, dem Sie hangaufwärts zu einem Forstweg folgen, auf dem Sie sich rechts halten. Diesem auf halber Hanghöhe verlaufenden Weg, von dem sich schöne Ausblicke auf das Tal von Glendalough bieten, folgen Sie zu einer Weggabelung auf Höhe des *Upper Lake* und wenden sich nach rechts.

Dieser Weg überquert den **Poulanass River** und mündet in eine Wegespinne ein. Sie gehen nach rechts bergab entlang des Baches. Wenig später haben Sie die Wahl, dem »Poulanass Walk« *(Markierung: Dachspfote)* weiter entlang des über Stufen abfallenden Baches zu folgen oder sich nach links zu wenden. Bei dieser nur wenige Minuten längeren Variante passieren Sie die auf einem Vorsprung über dem Upper Lake gelegenen, kaum noch erkennbaren Mauerreste von **St. Kevin's Cell**, einer runden Steinhütte, welche die Behausung des heiligen Kevins gewesen sein soll, und die Reste der **Reefert Church**, eine aus dem 12. Jh. stammende Begräbnisstätte einstiger Herrscher dieser Gegend. Auf beiden Wegen gelangen Sie zu einem kleinen Gebäude, in dem über den Wicklow Mountains National Park informiert wird, und zum Ufer des **Upper Lake**. Hier läßt sich bei den Überresten eines »ring Fort« (steinerne Ummauerung einer frühen Wohnstätte) und einiger Steinkreuze gut picknicken – mit Blick auf das U-förmige Tal des *Glenealo River*.

2 Das Tal von Glendalough

Vom Informationskiosk folgen Sie dem »Green Road Walk« *(Markierung: Eichhörnchen)* auf dem am Fuß des Talhangs verlaufenden Fahrweg talauswärts, vorbei am Lower Lake, zu einer Brücke, über die Sie die Ruinen des Klosters, die wenigen Häuser von **Glendalough** sowie das Besucherzentrum erreichen.

Im 6. Jh. zog sich der heilige Kevin in die Einsamkeit der Berge zurück. Ihm folgten fromm Ergebene, die sich in der Nähe der Einsiedlerzelle am Upper Lake niederließen und Hütten sowie kleine Gebetshäuser erbauten. So entwickelte sich eine klosterähnliche Gemeinschaft. Als der Raum knapp wurde, begann man am Lower Lake zu bauen – die heutigen Klosterruinen, die aus dem 11.–12. Jh. stammen: **Priest's House**, ein kleines Gebäude mit beachtenswertem Relief; **Cathedral** und, besonders schön, **Kevin's Kitchen**, eine kleine Kirche mit Steindach und schlankem, rundem Turm. Ein ca. 30 Meter hoher **Rundturm** diente den Mönchen als Rückzugsmöglichkeit

In idyllischer Umgebung liegen die Ruinen des Klosters Glendalough, im frühen Christentum ein wichtiges Kulturzentrum.

2 Das Tal von Glendalough

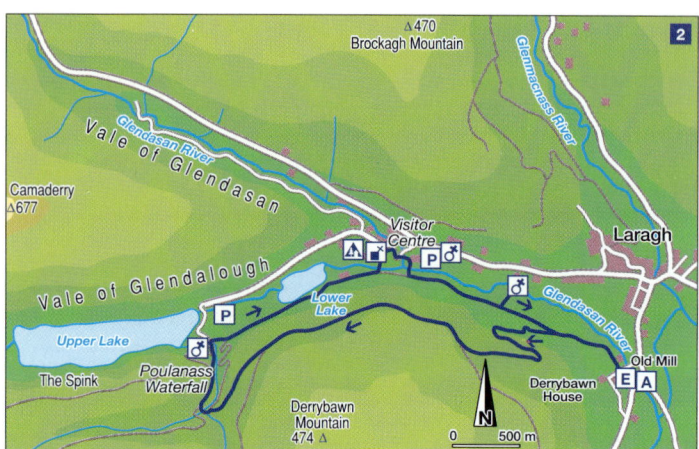

bei Überfällen der Wikinger. Zu Beginn des 13. Jh. eigneten sich die in Irland vordringenden Normannen das Kloster an, dessen Blütezeit damit zu Ende ging.

Sie gehen durch die Klosteranlage hindurch und nach rechts, vorbei am Glendalough Hotel, und über einen Parkplatz zum **Besucherzentrum**, von dem ein Fußweg wieder über den Glenealo zur »green road« am Fuß des Talhangs führt. Nach links, talabwärts, erreichen Sie nach 10 Minuten einen links abzweigenden Pfad, der zur **St. Saviour's Priory** führt. Als letztes aller klösterlichen Gebäude wurde die Kirche im Jahr 1162 gebaut. Bemerkenswert sind der romanische Bogen zwischen Schiff und Chor sowie die Steingravierungen am Ostfenster des Chors.

Weiter auf der »green road« gelangen Sie bequem zu Ihrem Ausgangspunkt zurück.

Informationen zur Tour

■ Ausgangsort

Laragh (Co. Wicklow), kleiner, vom Tourismus bestimmter Ort im Tal von Glendalough; Pub, Restaurants, »tea-shops«.

■ Anfahrt

PKW: Von Dublin auf der N11 in Richtung Wicklow. In Ashford abbiegen auf die R 763 und über Annamoe auf der R 755 durch Laragh hindurch. 700 Meter nach dem

2 Das Tal von Glendalough

Ortsende Laragh rechts zum Parkplatz am Old Mill Hostel abbiegen.
Bus: St. Kevin's Bus Dublin (St. Stephen's Green) – Glendalough; private Buslinie mit tägl. Fahrten, Auskunft Tel. 01/81 81 19. Aussteigen in Laragh und auf der Straße in Richtung Rathdrum zum Ausgangspunkt am Mill Hostel.

■ Einkehrmöglichkeiten

Hotel-Pub und »tea-shop« in Glendalough.

■ Öffnungszeiten

Besucherzentrum Glendalough: Ausstellung, audio-visuelle Show, geführte Touren durch die Klosterruinen; Mitte Juni-Mitte Sept. tägl. 10–19, Frühjahr/Herbst nur bis 17 Uhr. Eintrittsgebühr für die Ausstellung; die Klosterruinen sind frei zugänglich.

■ Unterkünfte

- Old Mill Hostel, Rathdrum Road, Tel. 04 04/4 51 56; Campingmöglichkeit; 700 Meter von Laragh in Richtung Rathdrum.
- Wicklow Way Hostel, Tel. 04 04/4 53 98; in Laragh.
- B & B, u.a. Mrs. McCoy, Oakview, Tel. 04 04/4 54 53; in Laragh.
- Glendalough Hotel (***), Tel. 04 04/4 51 35; traditionsreiches Hotel in ruhiger Lage bei den Klosterruinen.

■ Tourist Information

Wicklow, Fitzwilliam Street, Tel. 04 04/6 91 17; ganzjährig geöffnet.

■ Karte

DS 1:50 000, Blatt 56.

■ Programm für Regentage

Powerscourt Gardens: kunstvoll angelegter Park mit Teichen, Statuen und schmiedeeisernen Toren rund um Powerscourt House, ein im 18. Jh. erbautes Herrenhaus, das durch einen Brand zerstört wurde. Bei Enniskerry, 20 km nördlich von Laragh. Geöffnet Ostern – Okt. 9–17.30 Uhr; Eintrittsgebühr; Cafeteria.

In den sogenannten »tea-shops«, wie hier in Laragh, wird nicht nur Tee, sondern werden auch Kaffee und andere Getränke serviert.

3 Im Wicklow Mountains National Park

Idyllisches Tal, moorbedeckte Berge

km	18
Etappen	4
Stunden	6,5
Höhenunterschied	680

Etappen
Parkplatz am Upper Lake – Spink 1,5 km – Lugduff 3,5 km – Lough Firrib 5 km – Parkplatz Upper Lake 8 km

Tourencharakter
Auf Wegen und Pfaden im Tal; über weite Strecken pfadlos über moorbedeckte Berge; nur bei gutem Wetter (Orientierungsprobleme).

Sehenswertes am Weg
Reste eines »ring fort« und einiger Steinkreuze sowie der Reefert Church (11. Jh.); verlassene Bergarbeitersiedlung.

Wegmarkierung
Keine

→ Vom Parkplatz führt ein Fußweg, vorbei an dem zur Rechten gelegenen **Upper Lake** sowie den Resten eines **»ring fort«** und einiger Steinkreuze, auf den bewaldeten Berghang zu, wo er auf Höhe eines **Informationscenters** zum Wicklow Mountains National Park in einen Schotterweg einmündet.

Sie halten sich nach rechts, überqueren eine *Holzbrücke* über den *Poulanass River* und steigen am bewaldeten Talhang an, vorbei an den Ruinen der **Reefert Church**, im 11. Jh. Begräbnisstätte lokaler Herrscher. Etwas höher am Hang stoßen Sie auf die spärlichen Mauerreste einer runden Steinhütte, **Kevin's Cell**. Parallel zum Poulanass River steigt der Weg unter alten Eichen an zu einer Wegspinne. Hier wenden Sie sich nach rechts. In einer Linkskurve des ansteigenden *Forstwegs* zweigt rechts ein Pfad ab. Sie übersteigen mittels eines »stile« *(Warnschild: »Danger! Cliffs!«)* einen Zaun und steigen entlang dem Waldrand steil bergauf zum **Spink**, einem zum See steil abfallenden Bergrücken. Phantastisch der Ausblick von hier oben.

Der Pfad geht in einen rauhen Fahrweg über, der, einem Zaun folgend, nach links abschwenkt. Hier steigen Sie geradeaus auf einer Trittspur auf den breiten Rücken des **Lugduff (652 m)** hinauf, von wo die zentralen Berge der Wicklows zu überblicken sind, so der Lugnaquilla (925 m) im Südwesten, der höchste Berg in den Wicklow Mountains.

3 Im Wicklow Mountains National Park

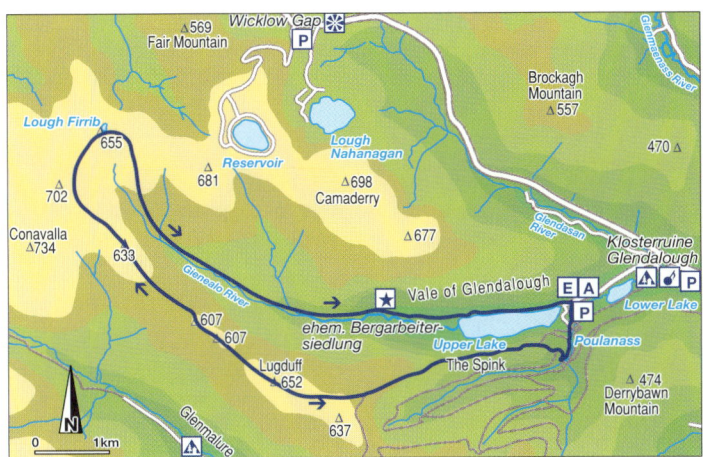

Vom höchsten Punkt des Lugduff verläuft ein Pfad in nordwestlicher Richtung über zwei kleinere Erhebungen und über *baumloses Flachmoor*, in dem metertiefe, breite Rinnen – »peat hags« – das Gehen erschweren. Wind und Wasser haben hier den weichen Torf abgetragen, nachdem einmal die zusammenhängende Pflanzendecke, durch Abbrennen oder durch zu intensives Beweiden durch Schafe, zerstört worden war, so daß jahrtausendealte Baumstümpfe freigelegt wurden.

Recht mühsam steigen Sie weiterhin in nordwestlicher Richtung an auf den Ostausläufer des **Conavalla (734 m)** und erreichen, nun in nördlicher Richtung und auf gleicher Höhe bleibend, **Lough Firrib**.

Am See wenden Sie sich scharf nach rechts – *nicht auf die Betonmauer des Wasserreservoirs am Camaderry zuhalten!* – und steigen in erodiertem, streckenweise feuchtem Torfmoorgelände ohne deutli-

Mühsam ist der Anstieg zum steil abfallenden Bergrücken »The Spink«, herrlich der Ausblick auf das Tal von Glendalough.

chen Pfad in den Talschluß des **Glenealo River** hinab und folgen dem Fluß talabwärts.

Einmal steiler, dann sanfter steigen Sie in dem engen, steilwandigen Tal ab, überqueren zwei Zuflüsse und erreichen einen Weg, der in Kehren am steilen Talhang nahe des über Felsstufen abstürzenden Glenealo River zu den Überresten einer Bergarbeitersiedlung hinunterführt. Hunderte von Menschen arbeiteten hier bis 1826, um Eisenerz abzubauen, das eingeschmolzen und dann mit Hilfe von Eselskarren zum Hafen von Wicklow gebracht wurde.

Wenig später erreichen Sie die „Miner's Road", einen befestigten Weg, auf dem Sie entlang dem Nordufer des Upper Lake zu Ihrem Ausgangspunkt zurückkehren.

Informationen zur Tour

■ Ausgangsort

Upper Lake im Tal Glendalough.

■ Anfahrt

PKW: Von Dublin auf der N 11 in Richtung Wicklow. In Ashford abbiegen auf die R 763 und über Annamoe auf der R 755 nach Laragh. Dort auf die R 756 abbiegen, an den Klosterruinen von Glendalough vorbei zu einem gebührenpflichtigen Parkplatz am Upper Lake.

Bus: St. Kevin's Bus Dublin (St. Stephen's Green) – Glendalough; privater Busdienst, tägl. 11.30 Uhr; Auskunft Tel. 01/2 81 81 19.

■ Einkehrmöglichkeiten

Unterwegs keine. Pub im Glendalough Hotel bei den Klosterruinen.

■ Unterkünfte

- JH The Lodge, Glendalough, Tel. 04 04/4 53 42; 300 Meter von den Klosterruinen, 1 km vom Ausgangspunkt entfernt; ganzjährig geöffnet.
- B & B Luganure, Tel. 04 04/ 4 53 23; 400 Meter von den Klosterruinen Richtung Upper Lake; schöner Garten.
- Hotel Glendalough, Tel. 04 04/ 4 51 35; traditionsreiches Hotel bei den Klosterruinen.

■ Tourist Information

Wicklow, Fitzwilliam Street; ganzjährig geöffnet, Tel. 04 04/6 91 17.

■ Karte

DS 1:50 000, Blatt 56.

■ Programm für Regentage

Klosterruinen von Glendalough: eines der frühesten Klöster Irlands (6./7. Jh.); frei zugänglich. Besucherzentrum (s. S. 27).

4 Das Tal des Suir

Auf Treidelpfad dem Fluß entlang

km 21,5
Etappen 3
Stunden 5–6
Höhenunterunterschied 0

Etappen
Clonmel – St. Thomas Bridge 4,5 km – Kilsheelan Bridge 5,5 km – Carrick-on-Suir 11,5 km

Tourencharakter
Auf ehemaligem Treidelpfad im weiten Tal des Suir.

Sehenswertes am Weg
Ehemalige Hafenstädtchen Clonmel und Carrick-on-Suir; Burgruine Tikincor Castle; normannische »motte« in Kilsheelan; Ormonde Castle.

Wegmarkierung
Teilweise Markierung des Munster Way (Holzpfosten mit gelbem Wanderersymbol).

→ Von Ihrem Parkplatz in der **Stadtmitte von Clonmel** folgen Sie der St. Mary's Street und Bridge Street zum River Suir und wenden sich vor der **Old Bridge** nach links.

Im Fluß fallen Inseln auf, die, ebenso wie die Kaianlagen, vergessen wirken. Auf den Inseln siedelten einst die Normannen, am Kai wurden bis zum Bau der Eisenbahnen und Straßen in der Mitte des 19. Jh. große Mengen an Waren umgeschlagen: landwirtschaftliche Produkte aus der fruchtbaren Umgebung von »Cluain meala«, der Honigwiese, gingen flußabwärts nach Waterford, von dort kamen Güter flußaufwärts. Um den Transport zu erleichtern, wurde ein **Treidelpfad** angelegt, auf dem nun Pferde die Arbeit übernahmen, die zuvor Männer geleistet hatten. So konnten auch Passagiere in besonderen Booten befördert werden. Im Jahr 1920 wurde die Benutzung des Treidelpfads eingestellt.

Auf dem Treidelpfad unter der **White Bridge** (Gashouse Bridge) hindurch gelangen Sie flußabwärts zur Two-Mile-Bridge.

Sir Thomas Bridge wird diese alte »hump bridge« auch genannt nach ihrem Erbauer, der im Jahr

Ruinen von Wohntürmen und Herrenhäusern wie Tikincor Castle zeigen, daß im Tal des Suir einst wohlhabende Familien lebten.

1690 durch den Bau dieser Brücke den Fährverkehr ablöste. Auf der gegenüberliegenden Flußseite liegt die Ruine von **Tikincor Castle**, einem Manor House (17. Jh.), das einst von einem riesigen Obstgarten umgeben war, dessen Äpfel zu »cider« (Most) verarbeitet wurden. Heute liegen die ausgedehnten Obstplantagen auf der Nordseite des Flusses.

Sie unterqueren die Brücke und gehen auf dem Treidelpfad bequem durch eine schöne Tallandschaft, die im Süden von den kahlen Comeragh Mountains begrenzt wird. Auf der gegenüberliegenden Flußseite sind die Reste des im Mittelalter von der mächtigen Butler-Familie erbauten **Castle Derrinlaur** sowie **Gurteen Lodge**, ein schloßartiges Haus aus dem 19. Jh., zu sehen.

An der nächsten Brücke, der **Kilsheelan Bridge**, können Sie, falls Sie einkehren wollen, zum Straßendorf Kilsheelan hinaufgehen, das im Jahr 1185 von Normannen an einer Furt über den Suir gegründet wurde.

Nun passieren Sie **Poulakerry Towerhouse** (16. Jh.), einst Sitz eines Zweigs der mächtigen Familie Butler, eine Kaserne, von der aus die Boote auf dem Suir vor Überfällen geschützt wurden, verlassene Bootshäuser, die auf der anderen Flußseite gelegenen Überreste von **Coolnamuck Towerhouse** sowie einen ehemaligen Wachtturm – Zeugnisse aus der Zeit, als der Suir ein wichtiger Verbindungsweg war. Vorbei an einigen Gewerbebetrieben erreichen Sie den Ortsrand von **Carrick-on-Suir**, dessen alte Bogenbrücke (15. Jh.) schon von weitem zu sehen ist.

Sie verlassen den Treidelpfad bei den *alten Hafenanlagen*, gehen geradeaus durch die lebhafte Kleinstadt hindurch, die sich aus einem Zwischenstop der Boote zu einem Marktstädtchen entwickelt hatte, zum **Ormonde Castle**.

An die am Fluß gelegene Burg wurde Mitte des 16. Jh. ein Manor House angebaut, ein für die damalige Zeit unübliches, elegantes Wohnhaus, das einen Besuch lohnt.

Sie gehen zurück in die Stadtmitte und auf einer der Nebenstraßen nach rechts zur N 24, wo der

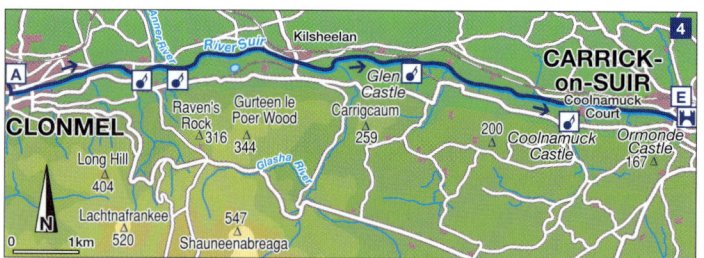

4 Das Tal des Suir

Recht bequem wandert man auf dem ehemaligen Treidelpfad dem Suir entlang.

Bus an der Haltestelle Greenside abfährt und Sie zum Bahnhof von **Clonmel** zurückbringt.

Durch die Stadtmitte kehren Sie zu Ihrem Ausgangspunkt zurück.

Informationen

■ Ausgangsort

Clonmel (Co. Tipperary), lebhaftes Städtchen am Suir.

■ Anfahrt

PKW: Von Waterford auf der N 24 nach Clonmel. Parkplatz in der Ortsmitte bei der St. Mary's Church.
Bahn: Clonmel liegt an der Linie Rosslare/Dublin – Tipperary.
Bus: s. u.

■ Zielort

Carrick-on-Suir, Kleinstadt am Suir.

■ Rückfahrt

Buslinien Dublin – Cork und Rosslare – Galway, mehrmals tägl.; letzte Abfahrt in Carrick-on-Suir gegen 20 Uhr; Fahrtdauer 25 Min.

■ Einkehrmöglichkeiten

Pubs und Café in Kilsheelan sowie Carrick-on-Suir.

■ Öffnungszeiten

Ormonde Castle, geöffnet Juni – Sept. tägl. 9.30 – 18.30 Uhr; Eintrittsgebühr.

■ Unterkünfte

- Hostel Powers the Pot, Harney's Cross, Tel. 0 52/2 30 85; Campingmöglichkeit; 10 km südlich von Clonmel; geöffnet 1. Mai – 15. Okt.
- B & B, Mrs. Phelan, Cluain Ard, Melview, Fethard Road, Tel. 052/22413; zentral gelegen in Richtung Bahnhof.
- Hotel Minella (***), Tel. 0 52/2 23 88; 1,5 km östlich Clonmel; elegantes Country Hotel am Suir.

■ Tourist Information

Clonmel, Nelson Street, Tel. 0 52/2 29 60; ganzjährig geöffnet.

■ Karte

DS 1:50 000, Blatt 75.

5 Die Knockmealdown Mountains

Kahle Bergrücken im Südosten

km	13
Etappen	6
Stunden	4,5
Höhenunterunterschied	790

Etappen
The Vee – Bay Lough 2,5 km – The Gap 1 km – Parkplatz an der Abzweigung der R 668 2,5 km – Knockmealdown 2,5 km – Sugarloaf Hill 3 km – The Vee 1,5 km

Tourencharakter
Steiler, streckenweise pfadloser An- und Abstieg; auf Pfad entlang Bergkamm; ca. 4,5 km auf Straße.

Sehenswertes am Weg
Paßhöhe »The Gap« mit ehemaliger Pferdewechselstation; Grubb's Grabmal.

Wegmarkierung
Keine

➡ Sie parken an der Straßenkehre **The Vee**, einem beliebten Aussichtspunkt an der Straße *Clogheen – Lismore*, Mitte des letzten Jahrhunderts nach der großen Hungersnot angelegt, um der verarmten Bevölkerung Arbeit zu beschaffen. Der vor allem an Sonntagen stark befahrenen Straße *(rechts gehen!)* folgen Sie bergab in Richtung *Clogheen* und gelangen im **Bohernagore Wood** zur Brücke über einen aus der Paßhöhe »The Gap« recht steil abfließenden Bach. Ein Pfad bzw. befestigter Weg, die alte Paßstraße, führt zwischen Tausenden von Rhododendronbüschen im Taleinschnitt zwischen dem **Knockshanahullion (657 m)** zu Ihrer Rechten und dem **Sugarloaf Hill (654 m)** bachaufwärts, vorbei am malerisch in einem Kar gelegenen **Bay Lough**, und mündet auf der Paßhöhe »The Gap« in die Straße *Clogheen – Lismore* ein.

Links der Straße fällt ein aus Steinen tonnenförmig gebautes, offenes Bauwerk auf, vermutlich eine einstige *Pferdewechselstation* für Pferdekutschen. »Bians« wurden diese genannt nach dem Italiener Bianconi, der Anfang des 19. Jh. von Clonmel aus ein Netz von Kutschenlinien für den Personentransport aufgebaut hatte. Rechts am Hang steht ein **Marienaltar**, errichtet anläßlich einer Marienerscheinung.

Auf der im Tal des **Owennashad River** leicht fallenden Straße gelangen Sie nach 2,5 Kilometern unterhalb des Knockmealdown an einen Parkplatz bei der Abzweigung der R 668 nach Lismore und steigen 50 Meter nach diesem Parkplatz auf einem Pfad nach links auf dem Süd-

5 Die Knockmealdown Mountains

Rhododendronsträucher, im Juni ein Meer an Blüten, bedrohen die heimische Vegetation.

hang des Knockmealdown an. Der Pfad verliert sich allmählich, und in zunehmend steilerem, kahlerem Gelände erreichen Sie den Gipfel des **Knockmealdown (796 m)**, der nach Nordosten steil abfällt zum **Glengalla River**. Von hier überblicken Sie die Monavullagh Mountains und Comeragh Mountains im Osten, die Galtee Mountains und die Ebene zwischen Cahir und Clonmel im Norden, das Tal des River Blackwater und die Küste im Süden.

Auf dem Kamm des Bergrückens gelangen Sie in nördlicher Richtung entlang einer Mauer auf den **Sugarloaf Hill (654 m)**, auf dessen Gipfel sich zwei große »cairns« (Steinhügel) befinden.

Sie gehen geradeaus weiter und steigen, mit Blick auf die Talebene von River Suir und River Tar, am etwas felsigen Nordhang steil ab. Kurz bevor Sie wieder Ihren Ausgangspunkt an »The Vee« erreichen, passieren Sie das auffällige, bienenkorbförmige *Grabmal* Samuel Grubbs, ein aus dem Tal stammender Major, der hier in dieser Weise beigesetzt zu werden wünschte.

Informationen zur Tour

■ Ausgangsort

Parkplatz bei der Straßenkehre »The Vee«, oberhalb von Clogheen (Co. Tipperary).

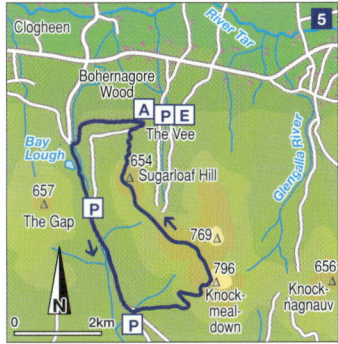

Anfahrt

PKW: Von Clonmel auf der R 665 über Ardfinnan nach Clogheen; auf der R 668 in Richtung Lismore 5,5 km zu »The Vee«; Parkplatz entlang der Straße. Anfahrt per Bus nicht möglich.

Einkehrmöglichkeiten

Unterwegs keine. In der Nähe Ryan's Bar, 200 Jahre alter, strohgedeckter Pub mit Garten; von »The Vee« in Richtung Clogheen und vor dem Ort auf der ersten Rechtsabzweigung 3,5 km in Richtung Newcastle.

Unterkünfte

- JH Mount Melleray, Tel. 0 58/5 43 90, geöffnet Juni-Sept.; ca. 15 km südöstlich des Ausgangspunktes, R 669 in Richtung Cappoquin.

Wer nach der Wanderung einkehren möchte, hat in dem urigen, farbenprächtigen Pub »Ryan's Bar« Gelegenheit dazu.

- Parson's Caravan & Camping Park, Clogheen, Tel. 0 52/6 52 90; an der R 668 Cahir – Lismore.
- B & B Mrs. O'Gorman, Orchard House, Tel. 0 52/6 54 09; in Ballyboy nördlich von Clogheen.

Tourist Information

Clogheen, Main Street (neben Moroney's Bakery), Tel. 0 52/6 52 58.

Karte

DS 1:50 000, Blatt 74.

Variante

Länge 6 km; Gehzeit 2 Std. Beginn der Tour bis zur Paßhöhe The Gap wie oben. Vom Parkplatz The Gap steiler Anstieg auf steinigem, gut ausgetretenem Pfad zum Sugarloaf Hill. Fortsetzung der Tour siehe oben.

Programm für Regentage

- Lismore Castle: am Ufer des Blackwater im 19. Jh. erbautes Schloß; Garten zugänglich tägl. 13.45 – 16.45 Uhr; Eintrittsgebühr.
- Nahebei das Heritage Centre, das über die Geschichte von Lismore informiert. Geöffnet Mai – Sept. Mo – Fr 10 – 17.30 Uhr, Sa/So 14.30 – 17.30, Okt.– April nur So 14.30 – 17.30 Uhr.

6 Auf der Halbinsel Béara

Der felsigen Nordküste entlang

km	
10,5	
Etappen	
4	
Stunden	
3,5	
Höhenunterschied	
170	

Etappen
Eyeries – Ballycrovane Ogham Stone 4 km – Hafen 3 km – Eyeries Point 2 km – Eyeries 1,5 km

Tourencharakter
Je zur Hälfte auf Landsträßchen bzw. befestigtem Weg und auf einem Küstenpfad.

Sehenswertes am Weg
Größter irischer Ogham Stone.

Wegmarkierung
Markierung des Béara Way entlang der Küste.

➡ Von Ihrem Parkplatz in *Eyeries* folgen Sie der Dorfstraße durch den Ort mit seinen teilweise farbig gestrichenen Häusern und dem für Irland ungewöhnlichen Glockenturm der Kirche. Das weiterführende Sträßchen, das parallel zur Küstenlinie – im Hintergrund die Berge der Halbinsel Iveragh – in leichtem Auf und Ab am Fuß des *Lackawee-Ausläufers (572 m)* verläuft, mündet in eine Querstraße ein, auf der Sie sich nach links wenden und wenige Minuten später wiederum links abbiegen *(Ww. Ballycrovane Ogham Stone)* zu einem kleinen Fischerhafen in der Bucht **Ballycrovane Harbour**. Etwa 100 Meter links des Wegs befindet sich auf Privatgelände hinter einem Bauernhof der **Ballycrovane Ogham Stone**.

Fünf Meter ist er hoch, und damit der größte auf irischem Boden, hinterlassen von den einstigen keltischen Bewohnern, die im 5./6. Jh. damit begannen, mittels des Ogham-Alphabets Namen auf

6 Auf der Halbinsel Béara

Ballycrovane Harbour ist einer der kleinen Häfen an der zerklüfteten Küste der Halbinsel Béara.

Steine, vermutlich Grabsteine, zu ritzen. Hier lautet die Inschrift: von Deichs Sohn, Nachfahre von Torainn. 21 verschiedene Buchstaben konnten durch die unterschiedliche Anordnung von Strichen entlang der Längsseite des Steines gebildet werden. Das »A« war ein im rechten Winkel durchgezogener Strich, »B« ein Strich rechts der Steinkante.

Kurz vor dem Fischerhafen biegen Sie erneut links ab auf einen Fahrweg, den Sie aber schon nach wenigen Metern wieder nach rechts verlassen. Ein Pfad führt zur Küste und verläuft nun auf mehreren Kilometern Länge unmittelbar entlang der Küste mit ihren zahlreichen Einbuchtungen und Landvorsprüngen.

Knapp auf Höhe von Eyeries passieren Sie den kleinen **Fischerhafen** von Eyeries und erreichen einen Fahrweg, dem Sie kurzzeitig in Richtung Eyeries folgen, sich wieder rechts halten und die Landspitze **Eyeries Point** passieren. Hier schwenkt der Küstenpfad nach Südosten um und stößt an der Mündung des **Kealincha River** auf einen »boreen«, dem Sie in mehreren Rechts- und Linksknicks zu Ihrem Ausgangspunkt in der Dorfstraße von Eyeries folgen.

6 Auf der Halbinsel Béara

Informationen zur Tour

■ Ausgangsort

Eyeries, Straßendorf auf der Nordseite der Halbinsel Béara, an der R 571 unweit der Coulagh Bay (Co. Cork).

■ Anfahrt

PKW: Von Killarney auf der N 71 nach Kenmare, über die Bucht Kenmare River und auf der Küstenstraße R 571 nach Eyeries. Parkmöglichkeiten entlang der Dorfstraße.
Bus: Linie Kenmare – Castletownbere, nur Ende Juni-Anfang Sept., morgens und am frühen Abend.

■ Einkehrmöglichkeiten

Unterwegs keine. Pubs in Eyeries.

■ Öffnungszeiten

Ballycrovane Ogham Stone auf Privatgelände; tagsüber Zutritt gegen Gebühr.

■ Unterkünfte

- Hostel Ard na mara, Tel. 072/ 7 42 71; geöffnet Mai – Okt.; am östlichen Ortsende von Eyeries.
- Berehaven Campers and Amenity Park, Tel. 027/7 07 00; an der R 572 2 km östlich von Castletownbere.
- B & B Mrs. O'Sullivan, The Shamrock, Strand Road; Tel. 027/ 7 40 58; am Ortsanfang von Eyeries.
- Hotel Craigie's Cametringane House (**), Tel. 027/7 03 79; schöne Lage am Hafen von Castletownbere.

■ Tourist Information

Glengarriff, Tel. 027/6 30 84; Juli– Aug. geöffnet.

■ Karte

DS 1 : 50000, Blatt 84.

Die schmalen irischen Landsträßchen, »Boreens«, verbinden Gehöfte und Dörfer miteinander; da sie nur wenig befahren sind, eignen sie sich auch als Wanderwege wie hier bei Eyeries.

7 In den Slieve Miskish Mountains

Hoch über dem Meer

km	17
Etappen	6
Stunden	5–6
Höhenunterunterschied	590

Etappen
Allihies – Paßhöhe am Knockgour 5 km – Knockoura (Gehöfte) 2 km – Paßhöhe zwischen Knockoura (Berg) und Miskish Mountain 1,5 km – Aughabrack 2,5 km – Paßhöhe vor Allihies 4 km – Allihies 2 km

Tourencharakter
Ein kürzerer sowie zwei längere Anstiege; 5,5 km auf Sträßchen; schöne Ausblicke.

Sehenswertes am Weg
Ehemaliges Kupferbergwerk; malerisches Dorf Allihies.

Wegmarkierung
Außer auf zwei Kilometern Länge oberhalb von Aughabrack durchgehend gelbe Markierung des Béara Way.

➡ Von Ihrem Parkplatz in *Allihies* gehen Sie auf der Durchgangsstraße durch den Ort auf die sandige **Ballydonegan Bay** zu, biegen nach dem Friedhof links ab und erreichen auf einem gewundenen Fahrweg zwischen Mauern ein querlaufendes Sträßchen. Sie wenden sich nach links, folgen nach 500 Metern dem zweiten rechts abzweigenden Sträßchen und steigen zwischen ausgedehnten Schafweiden streckenweise recht steil an auf einen Ausläufer des **Knockgour (481 m)**. Während das Sträßchen links abschwenkt und zu den Sendemasten auf dem Gipfel hochführt, gehen Sie auf einem Fahrweg geradeaus in einen Bergsattel und steigen am bewaldeten Osthang des Bergrückens zu einer Straße ab.

Auf dieser Straße halten Sie sich nach links, passieren dabei zwei urige Gehöfte und Ruinen einer Bergarbeitersiedlung und biegen links ab auf einen Fahrweg, der auf einen Sattel zwischen dem *Knockoura (490 m)* zu Ihrer Linken und dem *Miskish Mountain (386 m)* zuführt.

Am stark gegliederten Hang steigen Sie, stellenweise über feuchten Untergrund und durch Wald, in den Sattel auf und, mit Blick auf die Coulagh Bay, am Nordhang wieder ab – *nicht mehr der Markierung des*

7 In den Slieve Miskish Mountains

Béara Way nach rechts folgen! Zunächst führt der Weg recht steil und in einigen Kehren bergab, ehe er sich gabelt. Sie halten sich links und stoßen bei den wenigen Gehöften von **Aughabrack** auf ein querlaufendes Sträßchen *(Markierung des Béara Way)*, dem Sie nach links folgen.

Nach 500 Metern halten Sie sich links und steigen auf ca. drei Kilometer Länge am Nordhang der *Slieve Miskish Mountains* stetig an in einen Sattel. An der felsigen Südflanke des Bergzugs, die einen *begeisternden Ausblick* bietet auf Allihies, auf die Ballydonegan Bay mit Sandstrand und auf den westlichen Zipfel der Halbinsel Béara mit Dursey Island, folgen Sie dem Weg einige hundert Meter bergab, verlassen ihn nach rechts und passieren auf Ihrem weiteren, stellenweise feuchten Abstieg zwischen Felsen die Überreste von **Bergwerksschächten** und Häuschen, in denen die Arbeiter mit ihren Familien lebten.

Bis zu 1000 Menschen waren im 19. Jh. hier beschäftigt, Kupfererz abzubauen. Und sie waren nicht die ersten. Schon vor rund 4000 Jahren, so wird vermutet, wurde hier der begehrte Rohstoff gewonnen, aus dem, unter Verwendung von Zinn, Bronze hergestellt wurde.

Am Ortsrand stoßen Sie auf die Insel-Rundstraße und folgen ihr nach links zurück zu Ihrem Ausgangspunkt.

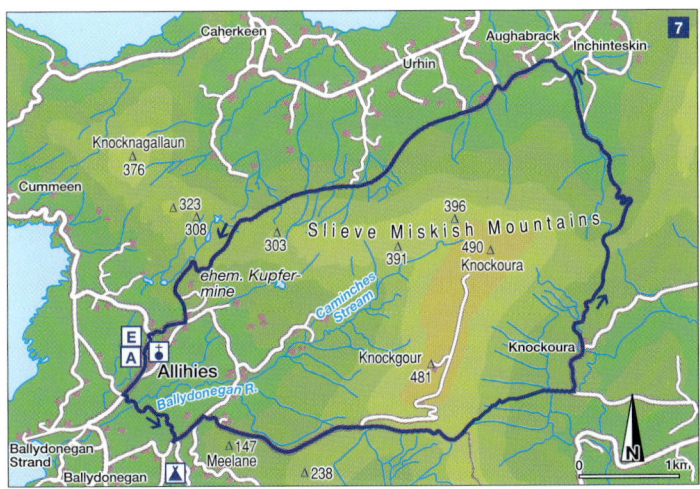

7 In den Slieve Miskish Mountains

In einer reizvollen Bucht am Fuße der felsigen Slieve Miskish Mountains liegt Allihies, ein ehemaliges Bergarbeiterdorf.

Informationen zur Tour

■ Ausgangsort

Allihies, ehemaliges Bergarbeiterdorf in schöner Lage (Co. Cork) an der Ballydonegan Bay.

■ Anfahrt

PKW: Von Killarney auf der N 71 nach Kenmare, über die Bucht Kenmare River und auf der Küstenstraße R 571 nach Eyeries, auf der R 572 weiter nach Allihies. Parkmöglichkeiten entlang der Dorfstraße.
Keine Busverbindung.

■ Einkehrmöglichkeiten

Unterwegs keine. In Allihies Pubs mit farbenprächtigen Fronten.

■ Unterkünfte

- Hostel Allihies Village, Tel. 0 27/ 7 31 07; geöffnet Mitte März – Ende Sept.; Campingmöglichkeit; an der Hauptstraße.
- JH Cahermeelabo, Tel. 0 27/ 7 30 14; geöffnet Juni – Sept.; 1,5 km südlich von Allihies.
- Guesthouse Sea View, Tel. 0 27/ 7 30 04; an der Hauptstraße.
- Hotel Craigie's Cametringane House (**), Tel. 0 27/7 03 79; schöne Lage am Hafen von Castletownbere.

■ Tourist Information

Glengarriff, Tel. 0 27/6 30 84; Juli – Aug. geöffnet.

■ Karte

DS 1 : 50000, Blatt 84.

8 Im Seengebiet von Killarney

Rund um den Muckross Lake

km **13,5**	
Etappen **6**	
Stunden **ca. 4**	
Höhenunterunterschied **100**	

Etappen
Parkplatz am Muckross Hotel – Muckross Abbey 0,5 km – Dinish Cottage 6 km – Kiosk am Torc Wasserfall 3 km – Muckross House 2 km – Muckross Abbey 1,5 km – Parkplatz 0,5 km

Tourencharakter
Großteils auf asphaltierten Wegen sowie 1,5 km auf Straße in Park und parkartiger Landschaft; bei jedem Wetter möglich.

Sehenswertes am Weg
Muckross Abbey; Meeting of the Waters; Torc Wasserfall; Muckross House mit Freilichtmuseum.

Wegmarkierung
Keine.

→ Vom *Muckross Hotel* führt in den Park von Muckross House ein asphaltierter Weg hinein, von dem nach wenigen Minuten ein Weg nach rechts zu der Ruine der **Muckross Abtei** abzweigt.

Im Jahr 1448 von Franziskanern gegründet, war das Kloster nur knapp 100 Jahre lang bewohnt, dann wurde es, wie die meisten anderen in Irland auch, aufgelöst (1541). Übriggeblieben sind der

Im Mittelalter gegründete Klöster wie Muckross Abbey sind heute Ruinen, da sie im 16. Jh. durch Heinrich VIII. von England aufgelöst wurden.

Turm, Teile der Kirche und des Kreuzgangs.

Sie kreuzen einen querlaufenden Weg und folgen einem Pfad, dem *Lovers' Walk,* am Waldrand entlang zum Ufer des **Lough Leane**, wobei Sie sich an der ersten Weggabelung rechts halten, an der zweiten links. Entlang des Ufers verläuft der Pfad zwischen Rhododendron und Laubbäumen leicht auf und ab und stößt auf einen asphaltierten Weg, dem Sie nach rechts folgen *(Ww. Dinish Cottage).* Links ist Muckross House zu sehen, das Sie auf dem Rückweg passieren werden.

An der nächsten Weggabelung halten Sie sich rechts, passieren **Doo Lough** und nähern sich erneut dem Muckross Lake. Am Ende der Muckross-Halbinsel überqueren Sie auf der **Brickeen Bridge**, einer Bogenbrücke aus dem 18. Jh., die Verbindung zwischen Muckross Lake und Lough Leane. Sie betreten **Dinish Island** und erreichen wenig später Dinish Cottage, ein Café. Dahinter befindet sich eine idyllische Stelle, »Meeting of the Waters« genannt, obwohl sich hier nicht zwei Wasserläufe treffen, sondern ein Wasserlauf geteilt wird.

Der Weg führt zur stark befahrenen N 71 *Kenmare – Killarney (rechts gehen!),* auf der Sie nach links, vorbei an altem Eichenbestand, zum

Im Jahr 1843 ließ sich ein Mitglied des britischen Parlaments das schloßartige Muckross House erbauen, heute Zentrum des Nationalparks.

8 Im Seengebiet von Killarney

Informationskiosk am Fuß des **Torc Wasserfalls** gelangen. Der Wasserfall ist von hier aus nicht zu sehen, doch ein Abstecher von wenigen hundert Metern ist durchaus lohnend.

Sie unterqueren die Straße und gelangen durch den Park zum **Muckross House**. Beeindruckend ist der Blick von diesem im 19. Jh. erbauten Herrenhaus über den gepflegten Rasen auf den See und die dahinter aufragenden Berge. Hinter dem Haus schließen sich Gartenanlagen an mit Rhododendron und Azaleen. 1932 übergab der damalige Besitzer das Anwesen dem Staat mit der Bedingung, es der Öffentlichkeit als Erholungsgebiet zur Verfügung zu stellen. Das Haus ist heute ein Museum, in dem über Landleben und Traditionen im Co. Kerry informiert wird; das Anwesen wurde Keimzelle des Killarney Nationalparks, der durch weitere Landkäufe und -schenkungen nach und nach erweitert wurde.

An Muckross House gehen Sie vorbei, lassen den großen Parkplatz rechts liegen, überqueren einen weiteren Parkplatz nach links – hier befindet sich das **Museum »Traditional Farms«**, das einen Einblick gibt in das Leben auf dem Bauernhof in den dreißiger Jahren – und gelangen zu einer asphaltierten Querstraße, auf der Sie nach rechts gehen.

Wenige Minuten später zweigt links ein Schotterweg ab *(Ww. Jaunting Car Exit)*, der in einen Weg mündet und, an der Ruine von Muckross Abbey vorbei, zurück zum Parkplatz führt.

Informationen zur Tour

■ Ausgangsort

Killarney, stark frequentierter Touristenort in reizvoller Lage am Fuß der höchsten Bergkette Irlands. Ausgangspunkt der bekannten Küstenstraße »Ring of Kerry«.

■ Anfahrt

PKW: Von Killarney auf der N 71 in Richtung Kenmare; nach 4 Kilometern Parkplatz am Parkeingang gegenüber dem Muckross Hotel.
Bus und Bahn: Killarney liegt an der Bahnstrecke Dublin – Tralee und an den Buslinien Dublin – Killorglin, Rosslare Harbour – Tralee und Cork – Galway (nur im Sommer).
Keine Busverbindung zwischen Stadtzentrum und Park; die Pferdekutschen sind recht teuer; günstiger ist ein Taxi oder ein Fahrrad (Vermietung: O'Callaghan Cycles, College Street, Tel. 0 64/3 11 75).

■ Einkehrmöglichkeiten

Café in Dinish Cottage; Cafeteria im Muckross House; Pub »Molly Darcys« am Endpunkt.

■ Öffnungszeiten

Muckross House: Museum »Centre of Kerry folklife and history«, Vorführungen von Handwerkern, audio-visuelle Show und Freilichtmuseum; geöffnet täglich 9 – 18 bzw. 19 Uhr im Juli/Aug.; Eintrittsgebühr.

■ Unterkünfte

Großes Angebot an Herbergen, Campingplätzen, B & B-Unterkünften und Hotels; hier nur einige, die in der Nähe des Ausgangspunkts liegen:
- Hostel Four Winds, 43 New Street, Tel. 0 64/3 30 94; im Zentrum; ganzjährig geöffnet.
- Flesk C & C Park, Tel. 0 64/3 17 04; 1,5 km südlich von Killarney an N 71 nach Kenmare.
- B & B Torc Falls, Mrs. O'Connor, Muckross, Lough Guitane Road, Tel. 0 64/3 35 66; an der N 71 nach Kenmare.
- Muckross Park Hotel (****), Tel. 0 64/3 19 38; am Ausgangspunkt; traditionsreiches gediegenes Hotel.

■ Tourist Information

Killarney, Main Street, Tel. 0 64/3 16 33; ganzjährig geöffnet.

■ Karte

DS 1 : 50 000, Blatt 78.

■ Programm für Regentage

Siehe Tour 9.

9 Im Killarney National Park

Auf der Old Kenmare Road

km	18
Etappen	6
Stunden	ca. 6
Höhenunterschied	400

Etappen
Lord Brandon's Cottage – Galway's Bridge 5 km – Esknamucky Glen 3 km – Torc Wasserfall 6 km – Muckross House 2 km – Muckross Abbey 1,5 km – Muckross Hotel 0,5 km

Tourencharakter
Auf Fahrwegen und Pfaden durch äußerst reizvolle Berglandschaft; mäßig steile Ansteige.

Sehenswertes am Weg
Lord Brandon's Cottage; alter Eichenwald; Torc Wasserfall; Muckross House; Muckross Abbey.

Wegmarkierung
Großteils markiert (Kerry Way).

→ Ein Vergnügen als Auftakt: die seit Jahren von Touristen geschätzte **Bootsfahrt** von *Ross Castle* zu *Lord Brandon's Cottage* über *Lough Leane*, unter der *Brickeen Bridge* hindurch und auf dem idyllischen *Muckross Lake* zu *Dinish Island*. Ist an dieser Engstelle die Strömung zu stark, muß das Boot getreidelt werden. Die Passagiere verlassen kurzzeitig das Boot und müssen einige Meter zu Fuß gehen. Auf flußartigen Seen nähert man sich den zerklüfteten *Macgillycuddy's Reeks*, der höchsten Bergkette Irlands (1039 m), an deren Fuß die Bootsanlegestelle liegt.

Sie folgen dem Weg in Richtung *Lord Brandon's Cottage*, ein im 19. Jh. von einem wohlhabenden Geistlichen erbautes Ferienhaus, von dem jedoch nur noch das Stallgebäude existiert, neben dem ein Kiosk eingerichtet wurde. Nach ca. 100 Metern, noch vor dem Cottage, biegen Sie links ab zu einer mit einem Gatter abgesperrten Pfad *(Markierung des Kerry Way)* und folgen einem alten Verbindungsweg durch die Uferzone des Upper Lake in den **Derrycunihy Oakwood**, einen der ältesten erhaltenen Wälder Irlands.

Auf einem rechts abzweigenden Pfad *(Ww. Derrycunihy Church)* steigen Sie zwischen Felsbrocken und knorrigen Bäumen hindurch zur Straße Killarney – Kenmare hoch. Auf der stark befahrenen Straße wenden Sie sich nach links, passieren an der Brücke über den *Galway's River*, der hier über Felsstufen steil abstürzt, die **Derrycunihy Church** (Old Church) und steigen auf einem

9 Im Killarney National Park

Fahrweg geradeaus (markiert) in einem Hochtal leicht an. Nach knapp 1 Kilometer zweigt links ein markierter Pfad ab, die *Old Kenmare Road*.

In lichtem Wald steigen Sie an, überqueren den *Galway's River* und erreichen, streckenweise recht steil, den moorbedeckten Sattel zwischen **Cromaglan Mountain (371 m)** zur Linken und **Stumpacommeen (351 m)** zur Rechten. Bergab gelangen Sie in das enge, felsige Tal **Esknamucky Glen** und in das **Hochtal des Crinnagh River**. Unweit der *Cores Cascade*, eines kleinen Wasserfalls, überqueren Sie den *Crinnagh River* und gelangen auf einem Fahrweg – hier sind noch Mauerreste einstiger Bauernhäuser zu sehen – über einen niederen Bergrücken in das **Hochtal des Owengariff River**.

Im Tal und auf den umliegenden Bergen hält sich eine aus etwa 400 Tieren bestehende Rotwildherde auf, die einzige Herde dieser einheimischen Tiere, die in Irland in freier Wildbahn überlebt hat.

Entlang des Owengariff River gehen Sie bequem bergab, steigen im Eichen-Mischwald am Hang des **Torc Mountain (535 m)** nochmals kurzzeitig an, ehe Sie sich an einer Fahrweggabelung nach rechts halten, den *Owengariff River* überqueren und auf Höhe eines Parkplatzes der Markierung nach links folgen. Entlang des steil abstürzenden Baches steigen Sie auf einem von Rhododendron gesäumten Weg mit Blick auf den *Lower Lake* ab, passieren den **Torc Wasserfall** und erreichen einen Informationskiosk an der Straße Killarney – Kenmare.

Sie unterqueren die Straße und folgen einem Asphaltweg zum schloßartigen **Muckross House** (s. Seite 45).

Ein großes Parkplatzgelände überqueren Sie nach links und stoßen auf einen asphaltierten Weg, dem Sie nach rechts folgen zur **Muckross Abbey** (s. Seite 43) und zu einem Parkausgang gegenüber dem Muckross Hotel.

Wer zu Fuß bis in die Stadtmitte von Killarney möchte (4 km), hält sich an der Muckross Abbey links und folgt der Markierung des Kerry Way, der allerdings auf den letzten 3 Kilometern auf der N 71 verläuft.

Die Wanderung beginnt mit einer Bootsfahrt über drei Seen, die inmitten einer reizvollen Berglandschaft liegen.

9 Im Killarney National Park

Informationen zur Tour

■ Ausgangsort

Killarney, Touristenort am »Ring of Kerry«.

■ Anfahrt

PKW: Von Killarney auf der N 71 in Richtung Kenmare. Am Stadtrand rechts abbiegen zum Parkplatz bei Ross Castle.
Bus und Bahn: s. Tour 8.

Keine Busverbindung zwischen Stadtzentrum und Ausgangspunkt (zu Fuß zusätzlich 2 km).
Von Ross Castle in offenem Motorboot – Abfahrt gegen 10 Uhr, Anmeldung am Vorabend bei Killarney Boating Centre, High Street, Tel. 0 64/3 10 68 notwendig – zu Lord Brandon's Cottage am Upper Lake; Dauer 1½ Std.

■ Zielpunkt

Muckross Hotel an der N 71, Killarney – Kenmare.

■ Rückfahrt

Per Taxi (Tel. 0 64/3 12 51, Telefon im Pub) zurück zum Ross Castle; moderater Preis, wesentlich günstiger als ein »jaunting car« (Pferdekutsche).

■ Einkehrmöglichkeiten

Kiosk Lord Brandon's Cottage; Cafeteria im Muckross House; am Endpunkt Molly Darcys Pub, großer »traditional Irish Pub« mit offenen Kaminen.

■ Öffnungszeiten

Muckross House s. Tour 9.

■ Unterkünfte

In Killarney großes Angebot an Herbergen, Campingplätzen, B & B-Unterkünften und Hotels; hier nur einige, die in der Nähe von Ross Castle liegen:
- Bunrower House Hostel, Ross Road, Tel. 0 64/3 39 14; ganzjährig geöffnet.
- B & B Mrs. Carroll, Mountain Dew, 3 Ross Road, Tel. 0 64/3 38 92.
- Cahernane Hotel (****), Muckross Road, Tel. 0 64/3 18 95; 1 km südlich des Stadtzentrums; Manor House Hotel (ehemaliges Herrenhaus).

■ Tourist Information

Killarney, Main Street, Tel. 0 64/3 16 33; ganzjährig geöffnet.

■ Karte

DS 1 : 50 000, Blatt 78.

■ Programm für Regentage

Spaziergang vom Parktor am strohgedeckten Deenagh Lodge (»tea rooms«) gegenüber Killarney Kathedrale durch die Parkanlage Knockreer Estate zu Ross Castle am Lough Leane. Dort legen verglaste Touristenboote ab zur Fahrt über Lough Leane (mehrmals tägl., Auskunft und Reservierung Killarney Boating Centre, 3, High Street, Tel. 0 64/3 10 68). Besichtigung von Ross Castle, einem restaurierten Wohnturm (16. Jh.) der O'Donoghues; geöffnet täglich 9 – 18.30 Uhr; Eintrittsgebühr.

10 Durch den Gap of Dunloe

Auf den Spuren der ersten Touristen

km	**16**
Etappen	**5**
Stunden	**5–6**
Höhenunterunterschied	**820**

Etappen
Kate Kearney's Cottage – Cnoc an Bhraca 5,5 km – Drishana 2 km – Black Valley 1 km – Madman's Seat 1,5 km – Kate Kearney's Cottage 6 km

Tourencharakter
Steiler An- und Abstieg, zum größten Teil auf Trittspur über offenes Gelände; auf Asphaltweg durch das Tal; nur bei schönem Wetter (Orientierung!)

Sehenswertes am Weg
Alte Paßstraße durch enges Tal; Restaurant Kate Kearney's Cottage.

Wegmarkierung
Keine.

➔ Vom Parkplatz bei **Kate Kearney's Cottage** führt ein Fahrweg bergauf in Richtung Gap of Dunloe.

Schwierigkeiten, den richtigen Einstieg zu finden, wird es nicht geben, man muß nur den vielen Touristen folgen, die zu Fuß, per Rad oder in der Pferdekutsche in Richtung Berge strömen, denn eine Tour durch den Gap, einen engen, durch Gletscher geformten Taleinschnitt zwischen dem *Purple Mountain* und den *Macgillycuddy's Reeks*, steht wohl auf dem Programm jedes Reisenden. Schon das Londoner Reiseunternehmen Thomas Cook bot zu Beginn des Jahrhunderts seinen Gästen diese Tour an: mit der Pferdekutsche auf der seit dem Jahr 1800 existierenden Paßstraße durch den Gap zum Upper Lake und von dort mit dem Boot zurück nach Killarney.

Den belebten Weg verlassen Sie jedoch schon nach wenigen Minuten. Dort, wo am Weg eine Tafel mit Hinweisen zum Verhalten bei Wanderungen in den Macgillycuddy's Reeks steht, zweigt rechts eine grasbewachsene »bog road« ab, die in Windungen zum Osthang des **Strickeen Mountain (440 m)** ansteigt. Der immer undeutlicher werdende Fahrweg verläuft über heidebewachsenes, mooriges Gelände auf der Höhe des Bergrückens auf den Cnoc an Bhraca zu, der an einem großen «Steinmännchen« auf dem Gipfel zu erkennen ist. Von hier bietet sich ein beeindruckender Blick auf die schroffe Bergkette der Macgillycuddy's Reeks.

Nach 1½ Std. beginnt der steile

Anstieg zwischen Felsbrocken hindurch und über einen Grat (ungefährlich) auf den Gipfel des **Cnoc an Bhraca (731 m)** mit faszinierendem Rundblick über Dingle Bay und die Halbinsel Dingle, die Reeks, das Black Valley im Süden und die Berge auf der Halbinsel Béara im Südosten.

50 Meter südlich des Gipfel Cairn befindet sich ein zweites, kleineres Steinmännchen, von dem aus Sie halblinks in den Sattel zwischen *Cnoc an Bhraca* und *Cnoc na dTarbh (655 m)* absteigen und an dessen Osthang, oberhalb des Derrycarna River, Sie über Heide und niedere Felsstufen recht mühsam zum **Drishana (464 m)** gelangen. Black Valley und Upper Lake sind von hier aus sehr schön zu überblicken.

Vorsicht: Versuchen Sie bei einem Schlechtwettereinbruch nicht, nach links, also in östlicher Richtung, möglichst rasch auf den Fahrweg im Gap of Dunloe zu gelangen, denn die Felswände am Drishana machen einen direkten Abstieg unmöglich!

Sie halten jetzt geradeaus auf die Kirche zu, die Sie auf der Talsohle des *Gearhameen River* sehen, steigen sehr steil über mehrere kleine Absätze ab und stoßen auf einen Zaun, an dem entlang Sie auf den Fahrweg ins Tal gelangen.

Nach links bergauf erreichen Sie **Madman's Seat (280 m)**, den höchsten Punkt dieser Straße durch den **Gap of Dunloe**. Zwischen hohen Felswänden hindurch windet sich

Am Beginn des Gap of Dunloe liegt das Restaurant Kate Kearney's Cottage, so genannt nach einer einst berühmt-berüchtigten Wirtin.

10 Durch den Gap of Dunloe

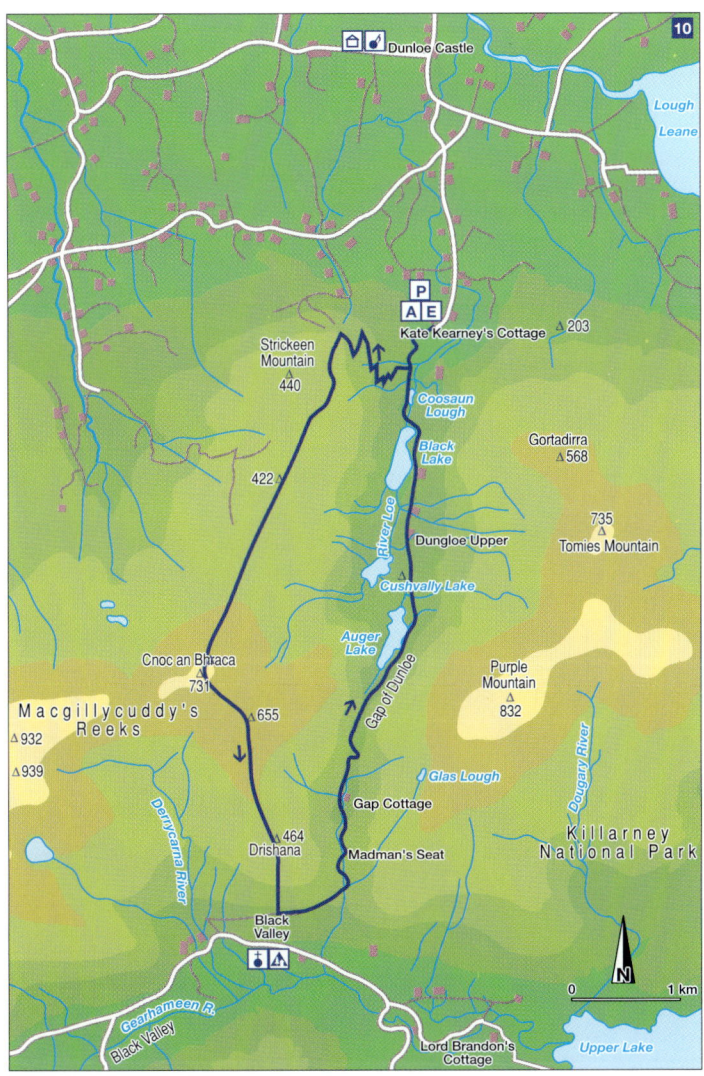

die Straße bergab, vorbei an einem Gehöft und der Ruine von **Gap Cottage**. Die Felswände rücken zusammen, ehe vor dem **Auger Lake** das Tal wieder breiter wird. In der ehemaligen Kaserne war bis 1921 eine Abteilung der Royal Irish Constabulary stationiert zum Schutz englischer Touristen.

Weiter talabwärts passieren Sie die Ruinen von Bauernhöfen, den **Cushvally Lake**, ein Café und den **Black Lake**. Vor dem **Coosaun Lough** wechselt die Straße auf die linke Talseite hinüber und führt vollends hinunter zu Kate Kearney's Cottage.

Informationen zur Tour

■ Ausgangsort

Kate Kearney's Cottage am Beginn des Gap of Dunloe; 13 km westlich von Killarney (Co. Kerry).

■ Anfahrt

PKW: Von Killarney auf der R 562 in Richtung Killorglin; nach 5 km abbiegen und der Ausschilderung »Gap of Dunloe« folgen zum Parkplatz an Kate Kearney's Cottage. *Anfahrt per Bus nicht möglich.*

■ Einkehrmöglichkeiten

Café am Cushvally Lake. Am Endpunkt Kate Kearney's Cottage, einstmals ein Ausschank für illegal gebrannten Schnaps, heute von Touristen überflutetes Restaurant mit Souvenirladen.

■ Unterkünfte

- Fossa Holiday Hostel mit Campingplatz, Tel. 0 64/3 14 97, geöffnet März – Mitte Dez.; an der R 562 Killarney – Killorglin.
- B & B Mrs. Ferris, Alpine Heights, Tel. 0 64/4 42 84; in der Nähe des Ausgangspunkts.
- Hotel Dunloe Castle (*****), Beaufort, Tel. 0 64/4 41 11; an der Zufahrt zum Gap of Dunloe; großes, luxuriöses Hotel in gepflegtem Park.

■ Tourist Information

Killarney, Main Street, Tel. 0 64/ 3 16 33; ganzjährig geöffnet.

■ Karte

DS 1:50 000, Blatt 78.

■ Programm für Regentage

Dunloe Ogham Stones: Mehrere Steine mit gut erhaltenen Einritzungen im Ogham-Alphabet; vom Dunloe Castle Hotel – an der Zufahrtsstraße zum Gap of Dunloe – leicht bergab zu einer Gabelung und rechts über eine Brücke; kurz darauf rechts eine Umzäunung mit den Ogham Stones.

11 Das Glencar Valley

Im Schatten der Macgillycuddy's Reeks

km	
12,5	
Etappen	
4	
Stunden	
ca. 4	
Höhenunterschied	
200	

Etappen
Parkplatz Blackstones Bridge – Shanacashel 3 km – Climber's Inn 2,5 km – Bealalaw Bridge 1,5 km – Parkplatz 5,5 km.

Tourencharakter
Durch das teilweise bewaldete Tal des River Caragh; zum größeren Teil auf Landstraße, ansonsten auf Pfad und Waldweg.

Sehenswertes am Weg
Traditionsreiche Wandererherberge mit Pub.

Wegmarkierung
Gelbe Markierung des Kerry Way zwischen Climber's Inn und Blackstones Bridge.

➡ Vom Parkplatz bei der **Blackstones Bridge** gehen Sie nach rechts zur selbigen über den *River Caragh* und folgen der Landstraße in Richtung *Shanacashel* zu einer Straßengabelung, an der Sie sich rechts halten und, mit Blick auf die **Macgillycuddy's Reeks** mit dem höchsten Gipfel Irlands, dem **Carrauntuohil (1039 m)**, das Dorf **Shanacashel** erreichen.

An der Kreuzung im Ort wenden Sie sich nach rechts, passieren einige einzeln stehende Gehöfte und das Glencar Hotel, einstmals das einsam gelegene Jagdhaus von Lord Landsdowne, und erreichen danach **Climber's Inn**.

Dieses Inn, ein Pub mit Übernachtungsmöglichkeit, ist seit 1879 Unterkunft für Wanderer und Kletterer in den nahegelegenen Macgillycuddy's Reeks. Die Bar wirkt deshalb innen eher wie eine Berghütte.

In Climber's Inn steigen seit über hundert Jahren Kletterer und Wanderer ab.

11 Das Glencar Valley

Von der Straßengabelung bei Climber's Inn gehen Sie links auf einen Feldweg *(Markierung des Kerry Way)*, der nach 1 Kilometer wieder in die Straße einmündet, auf der Sie den River Caragh auf der **Bealalaw Bridge** überqueren. Durch ein Gatter gleich neben der Brücke und auf einem Pfad entlang des Flusses gelangen Sie zum Waldrand, überqueren auf einer Fußgängerbrücke einen Bach und stoßen nach wenigen Minuten auf einen Forstweg. Zunächst durch jüngere Aufforstungen, dann in altem, lichterem Mischwald erreichen Sie **Drombrane Lough**, einen kleinen Waldsee, und ein Sträßchen, dem Sie einige hundert Meter weit folgen.

Ein links abzweigender, durch ein Gatter abgesperrter Pfad steigt in zahlreichen Windungen zu einem Aussichtspunkt am Rand des Waldgebiets **Lickeen** an – von hier ist *Lough Caragh* zu überblicken – und fällt zur Straße *Glenbeigh – Shanacashel* ab, auf der Sie nach rechts

Recht dünn besiedelt und deshalb sehr reizvoll ist die Landschaft westlich der höchsten Bergkette Irlands, den Macgillycuddy's Reeks.

11 Das Glencar Valley

zu Ihrem Ausgangspunkt zurückkehren.

Informationen zur Tour

■ Ausgangsort

Parkplatz an der Blackstones Bridge, 15 km südlich von Killorglin (Co. Kerry).

■ Anfahrt

PKW: Von Killarney auf der R 562 nach Killorglin und auf der N 70 in Richtung Glenbeigh/Caherciveen; nach 6 km links abbiegen und entlang des Westufers des Lough Caragh in Richtung Shanacashel/Glencar; nach 15 km ein Parkplatz am Waldrand bei der Blackstones Bridge.
Keine Anfahrt per Bus möglich.

■ Einkehrmöglichkeiten

Café in Shanacashel; Climber's Inn in Glencar.

■ Unterkünfte

- West's Holiday Park, Killarney Road, Tel. 0 66/6 12 40; an der N 70 östlich von Killorglin.
- B & B-Unterkunft und Hostel Climber's Inn, Tel. 0 66/6 01 01; Campingmöglichkeit; in Glencar am Wanderweg.

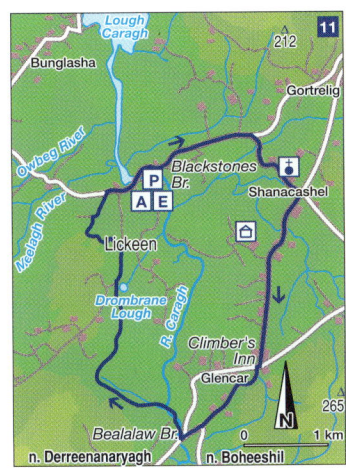

- Guesthouse (****) Caragh Lodge, Caragh Lake, Tel. 0 66/6 91 15; Irish Country House in gepflegter Gartenanlage.

■ Tourist Information

Killarney, Main Street, Tel. 0 64/3 16 33; ganzjährig geöffnet.

■ Karte

DS 1:50 000, Blatt 78.

■ Programm für Regentage

Kerry Bog Village Museum (an der N 70 zwischen Killorglin und Glenbeigh), rekonstruiertes Dorf, informiert über Torfstechen und Dorfleben; geöffnet tägl. 9–18 Uhr; Eintrittsgebühr.

12 An der Südküste der Halbinsel Iveragh

Zerklüftete Küste, weite Ausblicke

km: **13**
Etappen: **5**
Stunden: **ca. 4**
Höhenunterschied: **350**

Etappen
Caherdaniel – Derrynane House 2,5 km – Scariff Inn 3 km – höchster Punkt am Farraniaragh Mountain 1 km – Ardkearagh 3,5 km – Waterville 3 km

Tourencharakter
Auf Sträßchen und Wegen, kurze Strecke pfadlos, oberhalb der dünn besiedelten Küste.

Sehenswertes am Weg
Herrenhaus Derrynane House; Derrynane Harbour.

Wegmarkierung
Keine.

→ Von der *Kirche in Caherdaniel* gehen Sie auf der Dorfstraße nach links und entlang der Küste zu **Derrynane House**.

Hier wuchs der Freiheitskämpfer Daniel O'Connell (1775–1847) auf, der als Sohn eines katholischen Landbesitzers erlebte, wie sein Vater in den Westen Irlands verbannt wurde. Nach einem Studium auf dem Kontinent – in Irland war damals den jungen Katholiken ein Studium verboten – erlangte er einen Sitz im englischen Parlament, wo er erfolgreich für die Rechte der irischen Katholiken kämpfte. Das Herrenhaus stammt in seiner heutigen Form aus dem 19. Jh. und birgt vor allem Erinnerungsstücke an Daniel O'Connell.

Derrynane House ist der einstige Wohnsitz des Freiheitskämpfers Daniel O'Connell.

Auf Höhe des Hauses finden sich an der Küste sandige Buchten. Wer einen sicheren Badeplatz sucht, sollte den Abstecher (hin und zurück 2 km) zu **Derrynane Harbour** machen: rechts um Derrynane House herum, nach dem Eingangstor auf einem Sträßchen nach links, vorbei an einem Pub. Von dem kleinen Hafen

12 An der Südküste der Halbinsel Iveragh

aus wurde im 18. und 19. Jh. Kupfererz zum Schmelzen nach Spanien transportiert. In der Nähe liegen die malerischen Ruinen und der Friedhof von **Ahamore Abbey**.

Zur Fortsetzung der Wanderung wenden Sie sich am Eingangstor von Derrynane House auf der Straße nach rechts, steigen an und biegen nach einigen Minuten (800 m) – keine Markierung; eine Telefonleitung kreuzt hier die Straße – links ab. Sie klettern über eine eingestürzte Mauer und steigen auf einem

Pfad zwischen Bäumen zu einem Absatz am Hang auf.

Hier wenden Sie sich einige Meter nach rechts und folgen der Telefonleitung über Weidegelände nach links bergab. Der Pfad mündet in einen Fahrweg, dem Sie nach rechts zu einer Straße folgen, die von der N 70 zur Küste führt. Sie halten sich wenige Meter nach rechts und steigen, erneut nach rechts, über eine Schafweide steil an zum **Scariff Inn**, einem auffällig gestrichenen, einzeln stehenden Gebäude an der N 70.

Dieser folgen Sie nach links bergauf. Nach 200 Metern zweigt rechts ein grasbewachsener Weg ab und führt auf den Südwestausläufer des **Farraniaragh Mountain (472 m)** hinauf. Von diesem höchsten Punkt der Tour (240 m) ist der *Ausblick* faszinierend: auf die Küste, wo sandige Buchten abwechseln mit felsigen Vorsprüngen, auf vorgelagerte kleine Inseln sowie auf die benachbarten Halbinseln Béara und Dingle.

Auf dem alten Weg erreichen Sie wieder die N 70, überqueren sie, klettern über eine niedere Mauer und steigen in einem Taleinschnitt – immer mit Blick auf die *Skellig Islands* – auf einer Trittspur über eine Schafweide ab, bis Sie auf einen Weg stoßen, der unterhalb des »Ring of Kerry« verläuft.

Diesem Sträßchen folgen Sie leicht bergauf zu einer querlaufenden Straße, wenden sich nach links bergab und an dem kleinen Schulhaus von **Ardkearagh** auf einer tiefer verlaufenden Parallelstraße nach rechts. Sie überqueren den **Finglas River**, erreichen die N 70 und gelangen nach links in die Ortsmitte von **Waterville**, einem kleinen Badeort, der sich an der Bucht entlangzieht. Am Strand befinden sich Grünanlagen mit Picknicktischen.

Reizvoll ist die Küste im Süden der Halbinsel Iveragh, wo sich sandige Buchten und felsige Vorsprünge abwechseln.

12 An der Südküste der Halbinsel Iveragh

Informationen zur Tour

■ Ausgangsort

Caherdaniel, nur aus wenigen Häusern bestehendes Dorf an der Südküste der Halbinsel Iveragh; an der N 70, dem »Ring of Kerry« gelegen.

■ Anfahrt

PKW: Von Killarney auf der N 71 nach Kenmare; auf der Küstenstraße N 70 (Ring of Kerry) über Sneem nach Caherdaniel. Parkplatz an der Kirche.
Bus: s. u.

■ Zielpunkt

Badeort Waterville.

■ Rückfahrt

Der »Ring of Kerry«-Bus fährt zwischen Ende Mai und Ende Sept. zweimal tägl. – am späten Morgen und am frühen Nachmittag – von Killarney aus um die Iveragh-Halbinsel, und zwar nur entgegen dem Uhrzeigersinn.

■ Einkehrmöglichkeiten

»Tea room« im Derrynane House; Scariff Inn, an der N 70, schöner Blick auf die Küste; in Waterville mehrere Restaurants, Spezialität Meeresfrüchte.

■ Öffnungszeiten

Derrynane House: Haus und Garten zugänglich Mai–Sept. Mo–Sa 9–18 Uhr, So 11–19 Uhr, Okt.–Apr. Di–So 13–17 Uhr; Eintrittsgebühr.

■ Unterkünfte

- Village Hostel, Tel. 0 66/7 52 77, geöffnet 1. Febr.–30. Nov.; in Caherdaniel.
- Wavecrest, Tel. 0 66/7 51 88; 1,5 km von Caherdaniel auf der N 70 in Richtung Sneem.
- B & B O'Sullivan's Country Home, Tel. 0 66/7 51 24; 250 Meter von Caherdaniel in Richtung Waterville.
- Derrynane Hotel (***), Tel. 0 66/7 51 36; an der N 70 von Caherdaniel in Richtung Sneem; modernes Hotel mit Blick auf das Meer.

■ Tourist Information

Waterville, Tel. 0 66/7 43 66.

■ Karte

DS, 1:50 000, Blatt 83.

■ Programm für Regentage

Staigue Fort: eines der besterhaltenen »ring forts« in Irland, um 500 n. Chr. erbaut; frei zugänglich; Abzweigung von der N 70 zwischen Sneem und Caherdaniel.

13 Aussichtsberg Mount Eagle

An der westlichsten Ecke Irlands

km: 14
Etappen: 7
Stunden: 4–5
Höhenunterunterschied: 600

Etappen
Kildurrihy – Mt. Eagle Lake 1,5 km – Mount Eagle 2 km – Einmündung in Dingle Way 2,5 km – Glenfahan River 2 km – Kilvickadownig 3 km – Caherbullig 1 km – Kildurrihy 2 km

Tourencharakter
Steiler Anstieg auf Pfad; auf Wegen sowie »boreens« durch ursprüngliche Dörfer.

Sehenswertes am Weg
»Beehive huts«; Dunbeg Promontory Fort.

Wegmarkierung
Blaue Pfeile und gelbe Markierung des Dingle Way.

→ Von **Kildurrihy** aus führt ein Fahrweg bergauf auf einen Sendemasten und halbkraterförmigen Talkessel zu, ein Kar, in dem der **Mount Eagle Lake** liegt. An dessen Nordwestende steigen Sie auf einem Pfad in Kehren steil an zum moorbedeckten Nordausläufer des Mount Eagle, auf dem Sie einem Weg nach links folgen. Wo dieser nach rechts abknickt, steigt ein Pfad geradeaus weiter an entlang des Steilhangs zum See – mit Blick auf Ventry und Dingle Harbour sowie die Reeks auf der Iveragh-Halbinsel – zum Gipfel des **Mount Eagle (516 m)**. In südwestlicher Richtung steigen Sie auf einem Bergausläufer zum felsigen Vorsprung **Beenacouma (424 m)** ab.

Der Name Mount Eagle ist gut gewählt – wie ein Adler blickt man auf die faszinierende Küste, die *Blasket Islands* und die bewegte See, die so manches Opfer gefordert hat, weshalb die Inseln seit 1953 nicht mehr bewohnt sind.

Entlang einer Mauer erreichen Sie den *Dingle Way*, dem Sie nach links folgen, stets oberhalb einer Mauer.

Auf dem Weg bis Glenfahan fallen zahlreiche kleine steinerne Gebäude auf, die in ihrer Form überdimensionalen Bienenkörben gleichen – deshalb **»beehive huts«** genannt. Zeitschätzungen reichen von frühchristlich bis zum letzten Jahrhundert. Vermutet wird auch, daß es sich um einstige Unterkünfte für Pilger handelte, die an der Küste landeten, um den Mount Brandon, damals einer der wichtigsten Wallfahrtsorte, zu besteigen.

Nach knapp 1,5 Kilometer entlang der Mauer passieren Sie zwei

13 Aussichtsberg Mount Eagle

Gehöfte. An dem tiefer gelegenen stoßen Sie auf zwei überwachsene »beehive huts«, wenig später auf einen Fahrweg, dem Sie nach rechts über die **Glenfahan-Brücke** folgen. 50 Meter nach der Brücke verlassen Sie den Fahrweg nach links auf einem Weg, der zwischen Mauern bergauf führt, und überwinden mittels Steighilfen einige Mauern. Entlang der hohen Mauer führt der Weg weiter und mündet bei den wenigen Häusern von **Fahan** in einen Fahrweg ein.

Der Dingle Way zweigt in einer Rechtskurve des Fahrwegs links ab – hier ist nach rechts ein kurzer Abstecher zum **Dunbeg Promontory Fort** möglich, eine eisenzeitliche Festung an der Steilküste – und führt auf einem von Mauern und Hecken gesäumten Weg geradeaus zu den wenigen Häusern von **Kilvickadownig**. Dort mündet er in die Küstenstraße *Ventry – Slea Head* ein.

Sie halten sich nach links – Sie verlassen nun den Dingle Way –, passieren die Schule und gehen, wo die Hauptstraße rechts abknickt, auf einem Weg geradeaus weiter. Diesem »boreen« folgen Sie zu einer Hausruine, biegen rechts ab in einen schmaleren Weg und stoßen auf einen breiteren, querlaufenden Weg, auf dem Sie nach rechts **Caherbullig** erreichen.

Zwischen wenigen Gehöften hindurch gelangen Sie an eine Kreuzung, an der Sie sich nach links, an einer weiteren Kreuzung nach rechts wenden. Dieses Sträßchen mündet in die Verbindungsstraße *Ventry – Kildurrihy*, der Sie nach links in den Ort folgen.

Informationen zur Tour

■ Ausgangsort

Kildurrihy, Weiler am Fuß des Mount Eagle.

■ Anfahrt

PKW: Von Dingle auf der R 559 in Richtung Slea Head; 2 km nach Ventry, am Pub Paídí ó Sé, rechts abbiegen in Richtung Mt. Eagle (sehr schmale Straße!). In Kildurrihy beschränkte Parkmöglichkeiten entlang der Straße.
Bus: Dingle – Dunquin verkehrt auf der R 559; Wanderung in Kilvickadownig beginnen.

Dunbeg Promontory Fort wurde in der keltischen Eisenzeit direkt an der Steilküste angelegt und, wie damals üblich, zum Land zu durch Ringmauern geschützt.

13 Aussichtsberg Mount Eagle

■ Einkehrmöglichkeiten

Keine.

■ Öffnungszeiten

Dunbeg Promontory Fort; tägl. geöffnet; Eintrittsgebühr.

■ Unterkünfte

- JH Dunquin, Tel. 0 66/5 61 21; ganzjährig geöffnet; in Dunquin.
- Marina Hostel, Strand Road, Tel. 0 66/5 10 65; an der Hafenpromenade in Dingle; Zeltmöglichkeit
- B & B Mrs. Moriarty, Tel. 0 66/5 90 37; von Ventry in Richtung Slea Head.
- Guesthouse Milltown House (***), Tel. 0 66/5 13 72; an der R 559 am Ortsende von Dingle in Richtung Slea Head; familiär geführtes Haus mit Blick auf Dingle Harbour.

■ Tourist Information

Dingle, Main Street, Tel. 0 66/5 11 88; geöffnet April – Okt.

■ Karte

DS 1 : 50 000, Blatt 70.

■ Programm für Regentage

Siehe Tour 14.

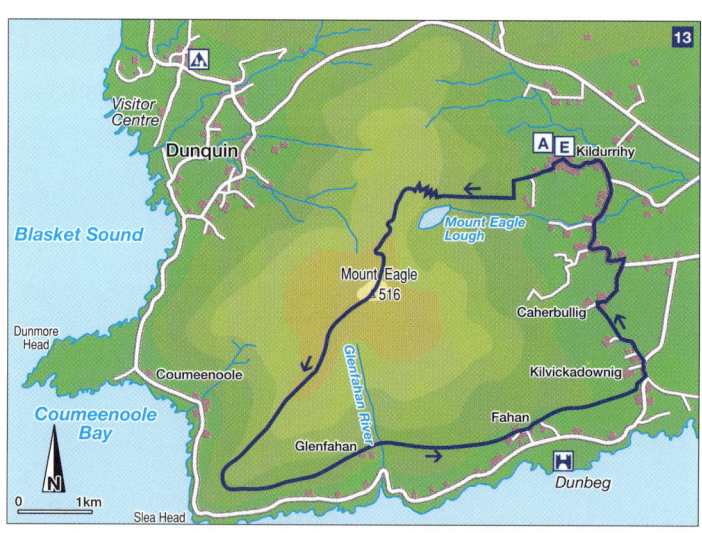

14 Die Bucht Smerwick Harbour

Festung an Bilderbuchstrand

km 11,5	
Etappen 3	
Stunden 3,5	
Höhenunterunterschied 80	

Etappen
Ballyferriter – Golfhotel 4 km – Dún an Óir 3,5 km – Ballyferriter 4 km

Tourencharakter
Einfache Rundwanderung ohne nennenswerte Anstiege; großteils auf schmalen Straßen; Bademöglichkeit an Sandstrand.

Sehenswertes am Weg
Überwachsene Mauerschutthügel der Festung Dún an Óir.

Wegmarkierung
Gelbe Markierung des Dingle Way zwischen Golfhotel und Strand an der Bucht Smerwick Harbour.

→ Von Ihrem Parkplatz in **Ballyferriter** folgen Sie der Durchgangsstraße in Richtung *Dunquin/Slea Head*, biegen nach einigen hundert Metern rechts ab *(Ww. Dún an Óir Hotel)* und erreichen, ohne Abzweigungen zu beachten, ein **Golfhotel**. Dahinter zweigt ein Fahrweg rechts ab und führt in mehreren Links- und Rechtsknicks zu den wenigen Häusern von **Ballyoughteragh**.

Am Fuß eines Hügels mit den auffälligen, steil zum Meer abfallenden Erhebungen der **»Three Sisters«** verläuft zwischen Vieh- und Schafweiden ein Weg auf die Bucht *Smerwick Harbour* zu und mündet in eine Querstraße ein, der Sie nach rechts folgen. Ein Fahrweg führt zu einem Parkplatz an der Küste, wo sich auf einem felsigen Landvorsprung die überwachsenen Mauerschutthügel der Festung **Dún an Óir** (Castel del Oro, Goldfestung) befinden.

An der Stelle eines einstigen eisenzeitlichen »promontory fort« erbaute 1580 eine 600 Mann starke Truppe aus Italienern und Spaniern diese Festung, um von hier aus die Iren in ihrem Aufstand gegen die englischen Besatzer zu unterstützen. Nach Belagerung und Erstürmung der Festung durch englische Truppen wurden die spanischen Verteidiger, obwohl sie sich ergeben hatten, kurzerhand hingerichtet. Ein Gedenkstein am Parkplatz erinnert an das Geschehen.

Von der Festung kehren Sie auf dem Fahrweg zurück und folgen nun dem Sträßchen nach links zur Bucht **Smerwick Harbour**. Mit Blick auf das *Brandon-Massiv* gehen Sie auf dem **White Strand**, einem breiten

Sandstrand, 1 Kilometer weit, ehe Sie durch einen Einschnitt in den Dünen auf ein Sträßchen stoßen und zur Durchgangsstraße *Gallarus – Ballyferriter* gelangen. Sie wenden sich nach rechts und kehren zu Ihrem Ausgangspunkt in Ballyferriter zurück.

town. Gleich nach der Brücke rechts abbiegen, nach 5 km auf der R 559 links nach Ballyferriter. Parkmöglichkeiten entlang der Straße. *Bus:* Linie Dingle – Dunquin Ende Mai – Ende Sept. Mo – Sa zweimal am Nachmittag; sonst Buslinie nur an einzelnen Wochentagen.

Informationen zur Tour

■ Ausgangsort

Ballyferriter, Touristenort im Westen der Halbinsel Dingle (Co. Kerry); irisch-sprachiges Gebiet.

■ Anfahrt

PKW: Von Tralee auf der R 559 über Camp und Dingle nach Mill-

■ Einkehrmöglichkeiten

Hotel Dún an Óir; Pubs und Café in Ballyferriter.

■ Öffnungszeiten

Dún an Óir, jederzeit frei zugänglich.

■ Unterkünfte

- Hostel An Cat Dubh, Tel. 0 66/5 62 86; geöffnet Mai – Sept; in Ballyferriter.

Ein friedlicher Ort, um Wellen und Vögel zu beobachten, ist heute der Felsvorsprung, auf dem im 16. Jh. die Festung Dún an Óir stand.

14 Die Bucht Smerwick Harbour

- Oratory House Caravan & Camping (Teach An Aragail), Tel. 0 66/5 51 43; 8 km westlich von Dingle, in der Nähe des Gallarus Oratory.
- Guesthouse Granville, Tel. 0 66/5 61 16; in Ballyferriter.
- Dún an Óir Golf Hotel (**), Ballyferriter, Tel. 0 66/5 61 33; an der Wanderstrecke; modernes Sporthotel in spektakulärer Landschaft.

■ Tourist Information

Dingle, Main Street, Tel. 0 66/5 11 88; geöffnet April – Okt.

■ Karte

DS 1:50 000, Blatt 70.

■ Programm für Regentage

Blasket Centre in Dunquin; wenige Kilometer südwestlich von Ballyferriter. Unweit der Küste gelegenes Besucherzentrum mit Blick auf die Blasket Islands, informiert über die Inseln und einstige Bewohner, die ihr Leben auf den Inseln in gälischer Sprache beschrieben und Weltruhm erlangten. Geöffnet Ostern – Sept. tägl. 10 – 18 Uhr; Eintrittsgebühr; Cafeteria.

15 Am Fuß des Brandon Mountain

Ansammlung frühchristlicher Stätten

Etappen
Ballydavid – Murreagh 1 km – Gallarus Oratory 3 km – Kilmalkedar 4 km – Currauly 2,5 km – Boherboy 3,5 km – Küste 1 km – Ballydavid 3 km

Tourencharakter
Meist auf schmalen Straßen durch dünn besiedelte Landschaft zwischen Brandon-Massiv und Smerwick Harbour; mäßiger Anstieg auf der ehemaligen Saint's Road.

Sehenswertes am Weg
Gallarus Oratory; Gallarus Castle; einstige Klosterkirche bei Kilmalkedar mit Sonnenuhr und Ogham-Alphabet; Brendan's House.

Wegmarkierung
Zu je einem Drittel gelbe Markierung des Dingle Way, blaue Markierung der Saint`s Road und ohne Markierung.

→ Vom kleinen **Fischerhafen** in **Ballydavid** gehen Sie auf der Straße nach **Murreagh** und folgen an der Einmündung der Straße in die Durchgangsstraße der Markierung des *Dingle Way* nach rechts zum breiten Sandstrand an der Bucht **Smerwick Harbour**. Etwa 250 Meter nach der betonierten Abflußrinne eines Baches verlassen Sie den Strand und gelangen, mit Blick auf das *Brandon-Massiv*, auf einem Fahrweg zur querlaufenden Durchgangsstraße. Sie folgen ihr nach rechts, passieren einen Campingplatz und erreichen wenig später das links der Straße stehende **Gallarus Oratory**: ein kleines Steingebäude, einem umgedrehten Boot ähnlich. Obwohl ohne Zement oder Mörtel errichtet, hat es Jahrhunderte überdauert. Vermutlich diente es ab dem 9. Jh. Pilgern auf dem Weg zum Mount Brandon als Unterschlupf.

Auf demselben Weg kehren Sie zurück und biegen unmittelbar nach dem *Campingplatz* rechts ab auf einen »boreen«, der an der Ruine von **Gallarus Castle** (Fitzgerald Castle) vorbeiführt – die Burg stammt aus dem 15. Jh. und diente u. a. bei der Belagerung der Festung Dún an Óir englischen Truppen als Garnison – und in ein schnurgerades Sträßchen

15 Am Fuß des Brandon Mountain

Das romanische Portal der ehemaligen Klosterkirche von Kilmalkedar gilt als eines der schönsten aus dieser Zeit.

einmündet, dem Sie nach rechts zur von Dingle herführenden Durchgangsstraße folgen. Auf ihr halten Sie sich links, passieren den kleinen Ort **Kilmalkedar** und biegen nach den letzten Häusern rechts ab zum Friedhof.

Auf dem Gelände stand ein frühchristliches Kloster, das im 12. Jh. mit einer weiteren Klosteranlage überbaut wurde. Die Ruine der romanischen Kirche, in deren Mauer ein Ogham-Alphabet eingelassen ist und deren Westtür besonders schön verziert ist, Grabplatten und eine Sonnenuhr sind übriggeblieben. Einige Meter weiter steht **Brendan's House**. Es ist jedoch sicher, daß das Gebäude in keinerlei Zusammenhang mit dem Hl. Brendan steht. Dieser Heilige wird hier im Westen von Dingle besonders verehrt, da er angeblich auf dem Brandon Mountain gelebt und vom nahegelegenen Brandon Creek eine Bootsfahrt nach Amerika angetreten haben soll. Neuere Forschungen jedoch deuten darauf hin, daß Brendan sich wohl nie oder nur selten auf Dingle aufgehalten hatte.

Sie folgen der Fortsetzung des Fahrwegs auf einem alten Pflasterweg, gehen aber nach 50 Metern in einer Linkskurve des Wegs geradeaus und steigen auf der *Saint's Road* am von Mauern unterteilten Südhang des **Reenconnell (274 m)** in einen Sattel auf.

Auf der Saint's Road erklommen im Mittelalter Scharen von Pilgern den Brandon Mountain, mit 915 Metern einer der höchsten Berge Irlands und damals eines der bedeutendsten Wallfahrtsziele.

Entlang einer Mauer am Nordosthang steigen Sie hinunter zu

einem querlaufenden »boreen« und zu den wenigen Häusern von **Currauly**. Noch vor den Häusern passieren Sie am Hang die Ruinen eines frühchristlichen Klosters. Dem »boreen« folgen Sie, mit Blick über das Tal des *Feohanagh River*, nach links entlang dem Hügelrücken, an dessen Hang zahlreiche Reste von »beehive huts« und Ringmauern auffallen. Lassen Sie Abzweigungen unbeachtet und gehen Sie auf der Straße, die auf die weithin sichtbaren Sendemasten des (irischsprachigen) »Radio na Gaeltacht« zuführt, nach **Boherboy**.

An der Kirche von Boherboy wenden Sie sich nach rechts, passieren nach einigen hundert Metern ein Café und erreichen auf der schnurgeraden Straße die Küste. Hier folgen Sie der Markierung des *Dingle*

15 Am Fuß des Brandon Mountain

Way nach links. Ein Pfad entlang der Klippenkante führt an einem Beobachtungsposten aus dem 2. Weltkrieg vorbei und zurück zum Fischerhafen von Ballydavid.

Informationen zur Tour

■ Ausgangsort

Ballydavid, kleiner Hafenort an der Nordküste der Halbinsel Dingle (Co. Kerry). Irischsprachige Gegend.

■ Anfahrt

PKW: Von Tralee auf der R 559 über Camp und Dingle nach Milltown. Nach der Brücke rechts abbiegen und weiter auf der R 559 nach Ballynana; über Gallarus Oratory nach Murreagh; links abbiegen nach Ballydavid. Beschränkte Parkmöglichkeiten am Fischerhafen.
Bus: Linie Dingle – Ballydavid, nur Di und Fr dreimal tägl.

■ Einkehrmöglichkeiten

Café in der B&B-Unterkunft Caife na mara an der Straße zwischen Boherboy und der Küste; Pub in Ballydavid.

■ Öffnungszeiten

Das Gallarus Oratory sowie die Ruinen der Kilmalkedar Church und des Brendan's House sind jederzeit frei zugänglich.

■ Unterkünfte

- Tigh-an-Phoíst Hostel, Boherboy (Bóthar Bui), Tel. 0 66/5 51 09; geöffnet April-Okt.; am Wanderweg; 2 km östlich von Ballydavid.
- Oratory House Camping, Tel. 0 66/5 51 43; in der Nähe des Gallarus Oratory.
- B & B Mrs. Ui Chiobhain, Tel. 0 66/5 52 95; in Carrig, knapp 1 km nördlich von Murreagh.
- Guesthouse Milltown House (***), Tel. 0 66/5 13 72; am Ortsende von Dingle in Richtung Slea Head; familiär geführtes Haus mit Blick auf Dingle Harbour.

■ Tourist Information

Dingle, Main Street, Tel. 0 66/5 11 88; geöffnet April – Okt.

■ Karte

DS 1 : 50 000, Blatt 70.

■ Programm für Regentage

Reask Monastic Site: eine der frühchristlichen Klostersiedlungen, deren Grundmauern freigelegt wurden, so daß sie einen guten Eindruck vom Aufbau einer solchen Siedlung vermitteln; besonders schön verzierter Stein; jederzeit frei zugänglich.

16 Cliffs of Moher

Steilabfälle am Atlantik

km	**Etappen**
10	*Besucherzentrum – Hag's Head 5 km – Steinbruch 2 km – R 478 2 km – Besucherzentrum 1 km*
Etappen 4	
Stunden 3	**Tourencharakter** *Auf Pfad oberhalb der steil abfallenden Klippen; auf Sträßchen zurück.*
Höhenunterschied 170	

Sehenswertes am Weg
Aussichtsturm; ehemaliger Wachtturm Hag's Head.

Wegmarkierung
Keine; die Orientierung ist jedoch einfach.

➡️ Vom Parkplatz gehen Sie am **Besucherzentrum** vorbei zum Klippenrand. Rechterhand liegt der **O'Brien's Tower**, den im Jahr 1835 ein wohlhabender protestantischer Landbesitzer an der höchsten Stelle der Klippen errichten ließ, um seinen Gäste den Blick auf dunkle, kahle, von einem grasigen Plateau abrupt ins Meer abfallende Steilwände zu bieten, die sich auf eine Länge von 10 Kilometern in den Atlantik vorschieben.

Den Touristenmassen und dem Rummel entfliehen Sie, sobald Sie vom Aussichtsturm zurückkehren und dem Pfad oberhalb der Klippen folgen. Gleich zu Beginn des Pfades liegt unterhalb der Klippen, gut zu sehen von einer natürlichen Plattform aus, die kleine grasbewachsene Halbinsel »Goat Island«, so genannt, weil dort angeblich einst Ziegen grasten, die mittels eines Seiles hinuntergelassen wurden.

Sie folgen dem Verlauf der Klippen in stets leichtem Auf und Ab. Bitte **Vorsicht**: Der äußerste Klippenrand ist brüchig! Halten Sie sich deshalb bitte an die nur wenige

Rund 50 000 Besucher bestaunen jährlich die senkrecht abfallenden Cliffs of Moher, die längsten Klippen Irlands.

Meter landeinwärts gelegenen Pfade und Steintreppen. Sie helfen dadurch, die Erosion im Rahmen zu halten und setzen sich nicht unnötigen Gefahren aus. Vom Pfad aus lassen sich die Seevögel beobachten – u. a. *Trottellumme, Tordalk, Papageientaucher* –, die auf den Absätzen und Simsen in den Steilwänden zwischen Ende Mai und Mitte Juli zu Zehntausenden brüten.

Wendepunkt der Tour ist die Landzunge **Hag's Head** mit dem **Moher Tower**. Errichtet wurde der Wachtturm 1808 zum Schutz vor Napoleons Flotte, deren Invasion damals befürchtet wurde.

Auf dem gleichen Weg kehren Sie zurück zum ersten großen **Steinbruch**, zu erkennen an den herumliegenden flachen Steinen mit schlangenförmigen Mustern – von Würmern angelegte Röhren. Diese »flag stones«, hier und in den anderen Steinbrüchen entlang der Klippen bis zum Beginn dieses Jahrhunderts in großen Mengen gebrochen, wurden vorwiegend nach England

exportiert, wo sie als Bodenplatten verwendet wurden.

Sie umgehen den Steinbruch am leichtesten auf der rechten Seite und stoßen auf einen Fahrweg, der in ein Sträßchen einmündet. Diesem folgen Sie nach links, passieren drei abzweigende Nebenstraßen und stoßen auf die stark befahrene Straße *Ennistimon – Doolin (rechts gehen)*, der Sie nach links zum Parkplatz folgen.

Informationen zur Tour

■ Ausgangsort

Besucherzentrum bei den Cliffs of Moher (Co. Clare), ca. 40 km nordwestlich von Ennis. Einsam an der Küste gelegen, nächste Ortschaft ist das ca. 6 km nördlich gelegene Dorf Doolin.

■ Anfahrt

PKW: Von Limerick auf der N 18 nach Ennis; auf der N 85 nach Ennistimon; über Lahinch und Liscannor zum (gebührenpflichtigen) Parkplatz am Besucherzentrum bei den Cliffs of Moher.
Bus: Eirean-Linien Galway – Cork und Limerick – Lisdoonvarna. Lokaler Busservice »North Clare Nipper« Lahinch – Cliffs of Moher – Lisdoonvarna, täglich, Auskunft Tel. 0 65/8 15 62.

■ Einkehrmöglichkeiten

Cafeteria im Besucherzentrum. Nächste Restaurants in Doolin (u.a. Lazy Lobster mit Fischspezialitäten); die Pubs von Gus O'Connor und McDermott sind bekannt für die abendliche irische Musik.

■ Öffnungszeiten

O'Brien's Tower, geöffnet Mai – Okt. tägl. 10 – 18 Uhr, Eintrittsgebühr.

■ Unterkünfte

- Drei Hostels in Doolin, u.a. Rainbow Hostel, Tel. 0 65/7 44 15; Campingmöglichkeit;
- Nagles Caravan & Camping Park, Tel. 065/74458; an der Küste bei Doolin.
- B & B u. a. Mrs. Fitzgerald, Churchfield, Tel. 0 65/7 42 09; am Post Office in Doolin.
- Aran View House Hotel (**), Coast Road, Tel. 0 65/7 40 61; von Doolin in Richtung Ballynalackan; im 18. Jh. erbautes Haus mit herrlichem Blick.

■ Tourist Information

Visitors Centre an den Cliffs of Moher, Tel. 0 65/8 11 71; geöffnet April – Okt.

■ Karte

DS 1:50 000, Blatt 51.

17 Burren – steiniges Land

Baumlose Hügel, botanische Vielfalt

km 17	
Etappen 5	
Stunden 5–6	
Höhenunterschied 490	

Etappen
Parkplatz an der Küstenstraße – Feenagh 4 km – Formoyle 2 km – Fanore 4 km – Black Head 3,5 km – Parkplatz 3,5 km

Tourencharakter
Auf Sträßchen, Wegen und Pfad durch dünn besiedelte, steinige Landschaft; mäßige Steigungen.

Sehenswertes am Weg
»Ring forts« und ein verlassenes Dorf.

Wegmarkierung
Teilweise Markierungen des Burren Way.

➡ Vom Parkplatz an der Küstenstraße R 477 gehen Sie auf der Straße etwa 700 Meter zurück in Richtung *Ballyvaughan*, biegen dann nach rechts ab. Der Einstieg zu dem alten Weg ist nicht ganz einfach zu finden: Noch ehe Sie auf Höhe des an der Küste gelegenen *Gleninagh Castle* und der Kirche sind, etwa 50 Meter vor einem Häuschen auf der linken Straßenseite, befindet sich rechts ein Gatter. Dahinter beginnt ein grasbewachsener Weg, der in den Sattel zwischen **Gleninagh Mountain (318 m)** zur Rechten und **Cappanawalla (316 m)** führt.

Vor Ihnen liegt ein Hochtal, baumlos und steinig, eher grau als grün, scheinbar vegetationsfeindlich. Und doch entdeckt man bei genauerem Hinsehen immer wieder in den Rissen und Spalten des Kalksteinbodens Blumen: blauen Enzian, blutroten Storchschnabel, gelb-weiße Silberwurz, seltene Orchideen. Pflanzen, die zu verschiedenen Vegetationsbereichen gehören, hier im Burren jedoch aufgrund spezieller klimatischer Verhältnisse nebeneinander wachsen.

Willkommene Einkehrmöglichkeit am Hafen von Ballyvaughan: Monk's Pub, bekannt für Fischspezialitäten.

17 Burren – steiniges Land

Einen ganz eigenartigen Charakter hat die Landschaft Burren: sanfte Bergrücken, nackter Fels, nur spärlich bewachsen mit Gras.

Aus dem Sattel steuern Sie die Mitte des Hochtals an und stoßen auf einen Fahrweg, der, an einem verlassenen Gehöft vorbei, zu der Wegkreuzung nahe **Feenagh** führt. Zur Linken, nur wenige hundert Meter entfernt, liegt auf einer Felsterrasse das »ring fort« **Lismacsheedy**.

An der Kreuzung stoßen Sie auf den markierten *Burren Way*, der als breiter Fahrweg zwischen Mauern nach rechts in einen Sattel ansteigt. Unmittelbar am Weg liegen die Mauerreste des »ring fort« **Caheranardurrich** sowie weiterer Gebäude, u. a. einer illegalen Schnapsbrennerei und einer Kapelle, die zu einem längst verlassenen Dorf gehörten.

Überall im Burrengebiet stößt man auf solche Überreste einstiger Besiedlung: Dolmen, bronzezeitliche Gräber, Hunderte von »ring forts«, verfallene Hausruinen. Beweise für eine ca. 3000 v. Chr. einsetzende Besiedlung des Kalksteingebiets, das damals noch dicht bewaldet war. Rodung und intensive Nutzung als Weide- und Ackerland hatten jedoch zur Folge, daß die dünne Humusschicht der Erosion ausgesetzt wurde, daß heute der nackte Fels offen liegt.

Sie steigen ab in das auffallend grüne Tal des *Caher River*, das begrenzt ist von der höchsten Erhebung im Burrengebiet, dem kahlen, grauen Bergrücken **Slieve Elva (345 m)**. Auf der Talsohle, bei den wenigen Häusern von **Formoyle**, halten Sie sich auf der schmalen Straße rechts – Sie verlassen hier den Burren Way – und folgen dem mäandernden Caher River talabwärts. Am Ufer des einzigen Wasserlaufs im Burren, der von der Quelle bis zur Mündung oberirdisch verläuft, gibt es nette Rastplätze. Nach etwa 500 Metern entdecken Sie am rechten Talhang die Ruinen eines weiteren verlassenen Dorfes. Sie erreichen den **Khyber Pass**, einen steilen Taleinschnitt, passieren **St. Patrick's Chapel**, im 17./18. Jh. trotz Verbots katholischer Gottesdienste als Kirche benutzt, und erreichen bei den ersten Häusern von **Fanore** die Küstenstraße *Ballyvaughan – Lisdoonvarna*.

17 Burren – steiniges Land

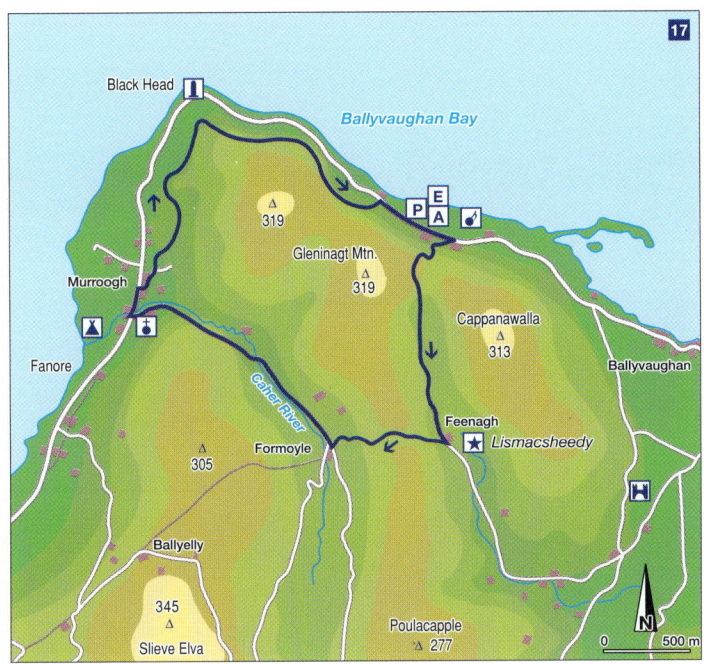

Hier wenden Sie sich nach rechts, biegen aber nach 300 Metern bei einigen Wohnhäusern rechts ab auf einen Fahrweg, dem Sie bergauf folgen bis zu einem Haus in einer Rechtskurve des Fahrwegs. Hier gehen Sie geradeaus, steigen über eine verfallene Mauer und folgen einem Pfad, der sich kurz darauf zu einer »green road« verbreitert, die auf einem Bergabsatz verläuft. Zur Zeit der Hungersnot Mitte des 19. Jh. wanderten hier die Menschen nach Ballyvaughan, wo sie hofften, im Arbeitshaus etwas zu essen zu bekommen.

Mit Blick auf die Küste steigt der Weg durch steiniges Gelände mit auffälligen Trockensteinmauern leicht an und führt am Westhang des *Gleninagh Mountain* herum zur Nordküste mit einem Leuchtturm.

Oberhalb von **Black Head**, der Nordwestspitze der Halbinsel, beginnt der allmähliche Abstieg zum flachen Küstenstreifen und zur Küstenstraße, auf der Sie nach rechts zu Ihrem Ausgangspunkt gelangen.

Informationen zur Tour

■ Ausgangsort

Ballyvaughan, kleiner Hafenort am nördlichen Rand des Kalksteingebiets Burren, an der Südküste der Galway Bay (Co. Clare).

■ Anfahrt

PKW: Von Galway auf der N 18 in Richtung Ennis/Limerick; in Kilcolgan rechts abbiegen und auf der N 67 nach Ballyvaughan. Dort nach rechts auf der Küstenstraße R 477 in Richtung Fanore/Black Head; ca. 1 km nach dem auffälligen Brunnenhäuschen Pinnacle Well beschränkte Parkmöglichkeiten an einem ehemaligen kleinen Steinbruch an der Straße.
Bus: Verbindung Galway – Ballyvaughan – Black Head – Doolin, nur Di und Do; Fahrzeiten für Tageswanderer ungeeignet.

■ Einkehrmöglichkeiten

Unterwegs keine.
Nächster Pub mit Restaurant: The Monk's Pub in Ballyvaughan; direkt am Hafen gelegenes Lokal, bekannt für seine »seafood specialties«.

■ Unterkünfte

- Bridge Hostel, Fanore, Tel. 0 65/ 7 61 34; Campingmöglichkeit; am Wanderweg; an der Küstenstraße nahe der Kirche von Fanore.
- B & B Mrs. Martyn, Oceanville, Coast Road, Tel. 0 65/7 70 51; am Ortsende von Ballyvaughan in Richtung Black Head.
- Gregans Castle Hotel (****), Tel. 0 65/7 70 05; geschmackvoll eingerichtetes Irish Country House in schöner Lage; von Ballyvaughan auf der N 67 in Richtung Lisdoonvarna.

■ Tourist Information

Ennis, Clare Road, Tel. 0 65/2 83 66; ganzjährig geöffnet.

■ Karte

DS 1:50 000, Blatt 51

■ Programm für Regentage

- Aillwee Cave: Tropfsteinhöhle im Kalksteingebiet; Cafeteria; geöffnet Mitte März – Nov. tägl. ab 10 Uhr; an der R 480, 3 km südlich von Ballyvaughan.
- Burren Display Centre in Kilfenora, ca. 20 km südlich von Ballyvaughan; informiert über die Geschichte und Landschaft des Kalksteingebiets Burren; geöffnet Mitte März – Okt. täglich. Nahebei die Ruine einer Kirche.

18 In den Bergen von Connemara

Prachtschloß und Park

km 7,5	**Etappen** Kylemore Abbey – Christusstatue 1,5 km – Lough Touther 2 km – Tullywee Bridge 2 km – Kylemore Abbey 2 km
Etappen 4	
Stunden ca. 3	**Tourencharakter** Steiler Aufstieg auf steinigem Pfad; auf Trittspur entlang eines steil abfallenden Hangs; auf schmaler Straße und Fahrweg zurück.
Höhenunterschied 260	**Sehenswertes am Weg** Ehemaliges Herrenhaus Kylemore Abbey mit Parkanalge; Christusstatue mit herrlicher Aussicht. **Wegmarkierung** Keine.

→ Vom Parkplatz bei **Kylemore Abbey** führt ein Fahrweg, vorbei am Craft Centre mit Cafeteria sowie einem kleinen Besucherzentrum, zur **Kylemore Abbey**, die auf der gegenüberliegenden Seeseite liegt, umgeben von einer Parkanlage.

Das schloßartige Haus mit seinen Türmchen und Erkern wurde 1864-1868 von dem Kaufmann Mitchell aus Manchester vor der Kulisse der steil aufragenden, schroffen Berghänge erbaut, ist aber seit 1920 im Besitz von Benediktinerinnen, die hier ein Mädcheninternat leiten.

Unmittelbar vor der Abbey beginnt ein Kreuzweg, der zwischen hohen Rhododendronbüschen steil ansteigt zu der weithin sichtbaren **Christusstatue Sacred Heart**, die auf halber Hanghöhe auf einem Bergabsatz thront. Von hier oben bietet sich ein herrlicher Blick auf Kylemore Lough, die Berge von Connemara und die Küste.

Auf einem sehr schmalen Pfad, etwa auf gleicher Hanghöhe bleibend, gehen Sie nach links. Gelegentlich werden Sie Ihre Hände benützen müssen, wenn kleine Absätze am Hang das Vorwärtskommen erschweren. Zwar stoßen Sie auf Stellen, an denen Sie einige Meter weit abrutschen könnten, aber Steilabfälle mit Absturzgefahr gibt es nicht.

Reizvoller Kontrast: das ehemalige Herrenhaus Kylemore Abbey in den Bergen von Connemara.

Der Pfad verliert an Höhe, führt durch ein Feuchtgebiet, am Südufer des *Lough Touther* über eine Staumauer. Entlang des Baches führt der Pfad geradeaus weiter über Schafweide. Wo der Bach nach links steil den Hang hinunterstürzt, halten Sie sich weiter geradeaus und überqueren nach einigen Minuten einen alten Zaun. Sie steigen geradeaus weiter am Hang bergab und halten auf die wenigen Gebäude von **Currywongaun** an der Straße zu. Zwischen dem Berghang und einer Mauer führt ein ausgetretener Pfad zu den Häusern hinunter, wo Sie auf die Straße *Tullywee Bridge – Tully Cross* stoßen.

Diese führt nach links zur Talsohle des *Dawros River* hinunter. Unmittelbar vor der **Tullywee Bridge** zweigt links ein Fahrweg (Metallgatter) ab in einen Park. Zwischen alten Bäumen und Rhododendronbüschen hindurch gelangen Sie zu einer Weggabelung, an der Sie sich rechts halten. Etwa 1 Kilometer vor Kylemore Abbey mündet der Fahrweg in ein Sträßchen ein, dem Sie zurück zum Parkplatz folgen.

Informationen zur Tour

■ Ausgangsort

Kylemore Abbey (Co. Galway), einsam gelegen in den Bergen von Connemara.

■ Anfahrt

PKW: Von Galway auf der N 59 in Richtung Clifden; 2 km nach Recess rechts abbiegen auf die R 344 und auf der N 59 nach links 4 km zum Parkplatz von Kylemore Abbey.
Bus: Linie Westport – Clifden, Mitte Juni–Anf. Sept. Mo–Sa ein- bis zweimal tägl.; ansonsten Linie Galway – Clifden dreimal pro Woche.

■ Einkehrmöglichkeiten

Cafeteria am Ausgangspunkt.

■ Öffnungszeiten

Kylemore Abbey Heritage Centre, im Sommer geöffnet tägl. 9.30 –

Von Kylemore Abbey geht es auf einem Kreuzweg steil hinauf zur Christusstatue, einem beliebten Aussichtspunkt.

18 In den Bergen von Connemara

18 Uhr; Eintrittsgebühr für audio-visuelle Vorführung; Park frei zugänglich.

■ Unterkünfte

- Hostel Old Monastery, Letterfrack, Tel. 095/4 11 32; Campingmöglichkeit; ganzjährig geöffnet.
- B & B Mrs. Naughton, Kylemore House, Tel. 095/4 11 43; an der N 59 Leenaun – Clifden, ca. 4 km östlich von Kylemore Abbey.
- Rossleague Manor Hotel (****), Tel. 095/4 11 01; an der Ballinakill Bay westlich von Letterfrack; kleines Irish Country House in Parkanlage in schöner Lage.

■ Tourist Information

Kylemore Abbey, nur im Sommer.

■ Karte

DS 1:50 000, Blatt 37.

■ Programm für Regentage

Besucherzentrum im Connemara National Park: Ausstellung zur Landschaft, audio-visuelle Show, tea room, Naturlehrpfade; Ende Mai – Ende Sept. tägl. 10 – 18 Uhr; Eintrittsgebühr; bei Letterfrack an der N 59, ca. 5 km westlich von Kylemore Abbey.

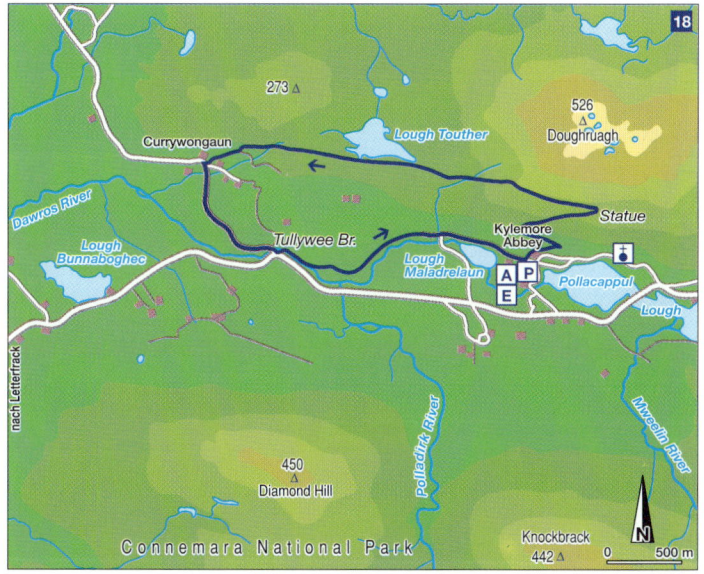

19 Killary Harbour

Irlands einziger Fjord

km	**17,5**
Etappen	**5**
Stunden	**ca. 5**
Höhenunterunterschied	**270**

Etappen
Tullyconor Bridge – Lough Fee 2,5 km – Lough Muck 3 km – Killary Bay Little 2 km – Rosroe 1,5 km – Tullyconor Bridge 8,5 km

Tourencharakter
In dünn besiedelter Berglandschaft zur malerischen Bucht Killary Bay Little und entlang des Meeresarms Killary Harbour; zum größeren Teil auf Landstraße bzw. »boreen«, ansonsten auf unbefestigtem Weg.

Sehenswertes am Weg
»Ring fort«, Überreste einer mittelalterlichen Kirche, heilige Quelle, winziger Hafen von Rosroe.

Wegmarkierung
Keine.

→ Vom Steinbruch an der **Tullyconor Bridge** folgen Sie der Straße *Leenaun – Clifden* wenige hundert Meter weit in Richtung Clifden *(rechts gehen!)*, biegen rechts ab auf die *Straße nach Lettergesh/Tully Cross* und erreichen durch offenes Torfmoorgebiet das Ostufer des zwischen *Garraun (598 m)* und *Benchoona (581 m)* zur Linken und *Benmore (333 m)* eingezwängt erscheinenden **Lough Fee**. Sie passieren den auf einer kleinen Halbinsel hinter Bäumen versteckt gelegenen einstigen Wohnsitz von Oscar Wilde´s Vater und am Nordende des Sees, jenseits der Verbindung zwischen Lough Fee und Lough Muck, ein eisenzeitliches »ring fort«.

An einer kurz darauf folgenden Straßengabelung am Ufer des **Lough Muck** steigen Sie nach rechts an und gelangen auf dem **Salrock**-Hügelrücken, der einen umfassenden Rundblick bietet, zu einer weiteren Gabelung, an der Sie sich erneut rechts halten. Die Straße fällt nun in einem kleinen Waldgebiet zum Ufer der malerischen Bucht **Killary Bay Little** ab, wo, hinter Bäumen versteckt, das Little Killary Adventure Centre liegt.

Entlang der Bucht – gleich zu Anfang befinden sich rechts der Straße die Ruinen einer mittelalterlichen Kirche und eine heilige Quelle, **St. Roc's Well** – gelangen Sie auf einer schmalen Landzunge zwischen Killary Bay Little und Killary Harbour

19 Killary Harbour

zu dem kleinen Hafen **Rosroe**, wo einige Häuschen aussehen, als seien sie seit ihrem Bau im letzten oder vorletzten Jahrhundert unverändert geblieben.

In dem Gebäude am Hafen, in dem heute eine Jugendherberge untergebracht ist, lebte und arbeitete eine Zeitlang der Philosoph Ludwig Wittgenstein. Vor der Herberge liegen die traditionellen »curraghs«, flache, leichte, mit geteerter Leinwand bespannte Boote, in denen einige der Fischer von Rosroe noch heute zum Fischen ausfahren. In dem klaren Wasser des Fjords werden seit einigen Jahren Muscheln gezüchtet, die an langen Seilen »angepflanzt« werden.

Sie kehren um und folgen nach 200 Metern, unmittelbar vor dem ersten einer Reihe von Fischerhäuschen, einem links abzweigenden, grasbewachsenen Fahrweg, bei dem es sich um einen alten Zugangsweg zum Hafen handelt, der als Arbeitsbeschaffungsmaßnahme während der Hungersnot der Jahre 1845–1849 gebaut wurde. Dann wird der Weg felsiger und feuchter.

Oberhalb des Ufers des 16 Kilometer langen fjordartigen Meereseinschnitts **Killary Harbour** führt er in leichtem Auf und Ab an einigen verlassenen Bauernhöfen vorbei und geht, wo der Meeresarm Killary Harbour abknickt, in einen »boreen« über. Am Hang des **Bunowen River** steigen Sie zur Straße *Leenaun – Clifden* an, auf der Sie dann nach links zu Ihrem Ausgangspunkt zurückkehren.

»Curraghs«, leichte, flache Ruderboote aus geteerter Leinwand, werden heute noch beim Fischfang benutzt.

Informationen zur Tour

■ Ausgangsort

Steinbruch zwischen Leenaun und Kylemore bei der Tullyconor Bridge.

■ Anfahrt

PKW: Von Westport auf der N 59 über Leenaun in Richtung Clifden; 7,5 km nach Leenaun ein als Parkplatz benutzter alter Steinbruch bei der Tullyconor Bridge.

Bus: Linie Galway – Clifden verkehrt auf der N 59, Mitte Juni – Anf.Sept. Mo – Sa zweimal tägl., sonst einmal; den Busfahrer bitten, an der Tullyconor Bridge anzuhalten.

■ Einkehrmöglichkeiten

Keine.

■ Unterkünfte

- JH Killary Harbour, Tel. 0 95/4 34 17; in Rosroe am Hafen.
- Hostel Little Killary Centre, Tel. 0 95/4 35 33; am Wanderweg.
- B & B Mrs. Naughton, Kylemore House, Tel. 0 95/4 11 43; an der N 59 in Richtung Kylemore.
- Lough Inagh Lodge (***), Tel. 0 95/3 47 06; an der R 344 in Richtung Recess am Lough Inagh; Manor House Hotel.

■ Tourist Information

Clifden, Tel. 0 95/2 11 63; geöffnet Mitte April – Ende Sept.

■ Karte

DS 1: 50 000, Blatt 37.

■ Programm für Regentage

Cultural Centre (Ausstellung zur Schafzucht; geöffnet März – Okt. tägl. 10 – 19 Uhr) in Leenaun, einem malerisch am Ende des Killary Harbour gelegenen Dorf.

20 Heiliger Berg Croagh Patrick

Auf den Spuren der Pilger

km	**8**
Etappen	**3**
Stunden	**3,5**
Höhenunterschied	**750**

Etappen
Murrisk – Sattelhöhe 2 km – Croagh Patrick 2 km – Murrisk 4 km

Tourencharakter
Extrem steiler Aufstieg auf gut ausgetretenem Pfad; zum Schluß mühsam über loses Geröll.

Sehenswertes am Weg
Stationen des Pilgerpfads; Pilgerkapelle sowie Fundamente einer früheren Kapelle auf dem Gipfel.

Wegmarkierung
Keine.

➡ Vom Parkplatz nahe der **Murrisk Abbey** führt ein asphaltierter Fußweg nach wenigen Minuten zur **Statue des St. Patrick** am Fuß des Berghangs, im Jahr 1928 errichtet, heute ein beliebter Aussichtspunkt.

Hier beginnt der *Pilgerweg*, auf dem jedes Jahr am letzten Sonntag im Juli (Reek Sunday) rund 60 000 Pilger den Gipfel besteigen. Tradition hat diese Wallfahrt, die begann, nachdem der heilige Patrick – einer der frühen Missionare – im Jahr 441 auf dem Gipfel 40 Tage lang gefastet und eine Kapelle errichtet haben soll.

Die großen Vögel, die ihn dabei belästigten, und sonstige Dämonen verbannte er für immer in ein Loch am Nordhang des Berges. Dies sei der Grund, so die Legende, warum es in Irland keine Giftschlangen gebe.

Zu einer heiligen Stätte zu pilgern, das hat in Irland Tradition: Allein 60 000 Menschen besteigen jährlich den Croagh Patrick.

20 Heiliger Berg Croagh Patrick

Von weitem zu sehen ist der Bergkegel Croagh Patrick, den eine Haube aus hellem Geröll krönt.

So wurde aus Cruachán Aigli, seit 5000 Jahren ein heiliger Berg, auf dessen Gipfel einmal im Jahr ein Fest zu Ehren des Gottes Lugh gefeiert worden war, **Croagh Patrick**. Der weithin sichtbare Bergkegel – irisch *cruachán* bzw. *croagh* – wurde zum Zentrum der Verehrung des heiligen Patrick.

Ausgetreten und steinig ist der Weg, der stellenweise sehr steil ansteigt in den Sattel zwischen dem *Ostgipfel (487 m)* und dem *Westgipfel (765 m)* des Croagh Patrick. Im Sattel mündet von links ein weiterer Pilgerpfad, auf dem die Pilger in 9–10 Stunden von Ballintubber Abbey aus zum Gipfel ansteigen.

Von hier aus bietet sich ein erster Blick auf die kahlen Bergrücken der Mweelrea Mountains, die

Sheeffry Hills und die Partry Mountains im Süden, auf die inselreiche Clew Bay und die Nephin Beg Range im Norden.

Der Weg schwenkt nach rechts und passiert die erste Buß-Station, **Leacht Benain**, einen Steinhaufen, den Pilger siebenmal umrunden müssen, wobei sie ebensoviele Vaterunser, Ave Maria und ein Glaubensbekenntnis beten.

Hier beginnt der pfadlose Streckenabschnitt über ein ausgedehntes Geröllfeld, er ist extrem steil und mühsam, so daß es beinahe unglaublich erscheint, daß sich hier barfüßige, kranke und alte Menschen hochquälen.

Faszinierend ist der Rundblick vom Gipfelplateau, auf dem **St. Patrick's Oratory** steht, eine schlichte Kapelle, im Jahr 1905 erbaut. Hier wird am Reek Sunday jede halbe Stunde Messe gehalten, werden Ehen geschlossen, wird den Tausenden von Pilgern die Beichte abgenommen. Diese müssen zuvor ihre Gebete verrichten an der zweiten Bußstation, **St. Patrick's Bed**. Unweit davon sind die Fundamente einer früheren Kapelle, **Teamphall Phádraig**, auszumachen, deren Bau dem heiligen Patrick zugeschrieben wird. Etwas unterhalb des Gipfels liegt das Grab des Einsiedlers Robert Binn, der im 19. Jh. 15 Jahre auf dem Gipfel lebte und hier begraben werden wollte.

Auf gleichem Weg kehren Sie zum Ausgangspunkt zurück.

Informationen zur Tour

■ Ausgangsort

Parkplatz bei Murrisk am Fuß des Croagh Patrick, wenige Kilometer westlich von Westport (Co. Mayo).

■ Anfahrt

PKW: Von Westport auf der Küstenstraße R 335 ca. 10 km in Richtung Louisburgh. Parkplatz bei Murrisk.
Bus: Verbindung Westport – Louisburgh über Murrisk, nur Mo–Sa.

■ Einkehrmöglichkeiten

Pub am Ausgangspunkt. Empfehlenswertes Restaurant in der Nähe: Asgard Restaurant, The Quay, in Westport: ausgezeichnetes Essen in gemütlicher Pub-Atmosphäre.

■ Unterkünfte

- Granary Hostel, Westport, The Quay, Tel. 0 98/2 59 03, geöffnet Jan.–Nov.; in der Nähe des Hafens.
- Parkland Caravan & Camping Park, Tel. 0 98/2 51 41; beim Westport House.
- B & B Mrs. Gavin, Highgrove, Tel. 0 98/6 48 19; an der R 335, von Westport 8 km in Richtung Murrisk.

20 Heiliger Berg Croagh Patrick

- Club Atlantic Holiday Hostel, Westport, Altamount Street, Tel. 098/2 66 44; am Bahnhof.
- Olde Railway Hotel (***), The Mall, Tel. 098/2 51 66; im Zentrum von Westport; in ehemaliger Postkutschenstation.

■ Tourist Information

Westport, The Mall, Tel. 098/2 57 11, ganzjährig geöffnet.

■ Karte

DS 1:50 000, Blatt 37 und 38.

■ Programm für Regentage

- Murrisk Abbey: Ruinen eines Augustinerklosters (15. Jh.), von der O'Malley-Familie erbaut; unweit des Ausgangspunkts; frei zugänglich.
- Granuaile Interpretive Centre: Ausstellung zu Grace O'Malley, berühmte Piratenkönigin des 16. Jh., und ihrer Zeit; in Louisburgh.
- Westport House, eines der »big houses«, von protestantischen Landbesitzern im 18. Jh. erbaut; Haus und Garten zugänglich; Eintrittsgebühr.

21 Altes Kulturland bei Sligo

Gräberfeld und »Queen Maeve's« Grabhügel

Etappen
Carrowmore-Museum – Redgate-Kreuzung 1,5 km - Parkplatz am Knocknarea 2,5 km - Maeve's Cairn 1,5 km – Carrowmore-Museum 5,5 km

Tourencharakter
Leichter Anstieg (4 km) auf ruhigen Straßen, 1,5 km steilerer Anstieg auf einem Pfad zum Gipfel des Knocknarea (327 m); Rundblick.

Sehenswertes am Weg
Carrowmore, größter Megalithfriedhof Europas mit Museum; »Queen Maeve's Grave«, größter Grabhügel Irlands.

Wegmarkierung
Keine.

➡ Am Parkplatz liegt das **Museum von Carrowmore** inmitten eines Megalithfriedhofs, der sich über eine Fläche von mehr als einem Quadratkilometer erstreckt. Hier gab es ursprünglich ca. 150 Gräber, angelegt zwischen 3800 und 3000 v. Chr. (Jungsteinzeit). Bei Ihrem Spaziergang über einen Teil dieses Gräberfelds stoßen Sie auf Ganggräber, einst überdeckt von Grabhügeln, von denen nur noch die stützenden Steine in Form von Kreisen erhalten sind. Nur knapp ein Drittel der Gräber ist erhalten, der Rest wurde zerstört, weil der Friedhof als »Kiesgrube« benutzt wurde.

Nach dem Besuch des Friedhofs folgen Sie der Straße nach links in Richtung *Ballysadare Bay*, biegen bei einigen Häusern und einer Kirche an der **Redgate-Kreuzung** rechts ab und steigen, mit Blick auf den auffälligen, schon von weitem zu sehenden Grabhügel *Maeve's Cairn* auf dem Gipfelplateau des **Knocknarea (327 m)**, leicht an. Nach einigen Minuten halten Sie sich an einer Straßengabelung links, biegen an einer Kreuzung bei den wenigen Gebäuden von **Grange North** links ab und steigen nach einem Kilometer rechts an zu einem Parkplatz, an dem der Fußweg zum Gipfel des Knocknarea beginnt.

Während der erste Abschnitt des Anstiegs einfach zu bewältigen ist, steigen Sie die letzten paar hundert Meter recht steil an zu **Maeve's Cairn** auf der Gipfelhochfläche, von wo aus sich ein umfassender *Rundblick* bietet: Auf Sligo Harbour, Ballysadare Bay und auf die Bergzüge, die sich von den Ox Mountains im

21 Altes Kulturland bei Sligo

Etwa 50 Grabkammern sind in Carrowmore, dem größten Megalithfriedhof Europas, erhalten.

Südwesten bis zum Sligo-Leitrim-Plateau mit dem markanten, steil abfallenden Benbulben im Norden hufeisenförmig um das Tiefland von Sligo und Lough Gill erstrecken.

Während die Deutung des Namens Knocknarea (Cnoc na Riabh) als »Hügel der Könige« recht einfach erscheint, stellt »Maeve's Cairn« (Miosgán Meadb) für die Forschung erheblich größere Probleme dar, zumal der im Durchmesser 60 Meter große und 10 Meter hohe Grabhügel (noch) nicht ausgegraben und genauer untersucht wurde. Man nimmt an, daß es sich um ein Ganggrab aus dem 3. Jahrtausend handelt. Ob hier tatsächlich Queen Maeve begraben wurde, ist zweifelhaft, denn die legendäre Königin Maeve von Connaught, die im Epos »Taín Bó Cuailgne« (Viehdiebstahl von Cooley; s. Seite 21) eine wichtige Rolle spielt, lebte – wenn es sich überhaupt um eine historische Person handelt – wahrscheinlich um die Zeitenwende, also erst 2000 - 3000 Jahre nach der Errichtung des Grabhügels. Einer der sechs kleineren Grabhügel auf dem Knocknarea erwies sich bei der Ausgrabung als Grab eines Kriegers, der im 6. Jh. n. Chr. an Kampfwunden gestorben war.

Vom Gipfelplateau kehren Sie auf demselben Weg zu Ihrem Ausgangspunkt zurück.

Informationen zur Tour

■ Ausgangsort

Sligo, geschäftige Einkaufsstadt an der Bucht Sligo Harbour.

■ Anfahrt

PKW: Aus Sligos Stadtmitte in Richtung Westen auf der John Street und Upper John Street der Ausschilderung »Carrowmore Tombs« folgen; kurz nach dem Stadtrand links abbiegen zum Parkplatz am Museum von Carrowmore.
Keine Anfahrt per Bus möglich.

■ Einkehrmöglichkeiten

Keine.

■ Öffnungszeiten

Carrowmore, Museum mit Informationen zu den Grabungsbefun-

21 Altes Kulturland bei Sligo

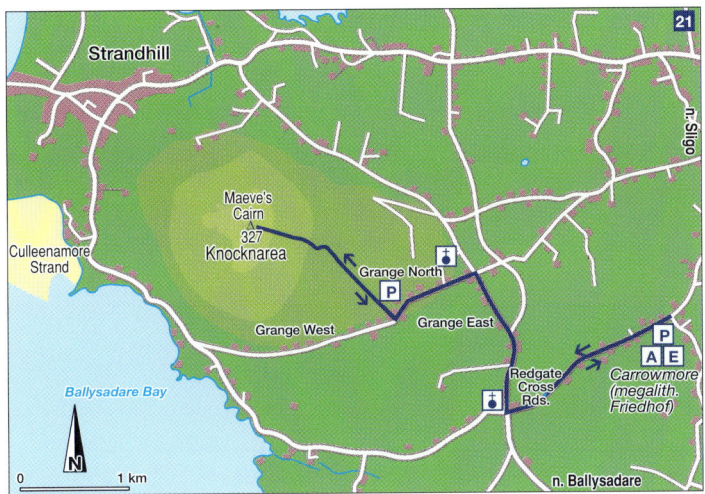

den und Gräberfeld; Mai – Sept. tägl. 9.30 – 18.30 Uhr; Eintrittsgebühr.

■ Unterkünfte

- White House Hostel, Markievicz Road, Sligo, Tel. 0 71/4 51 60, ganzjährig geöffnet; vom Stadtzentrum Richtung Norden über den River Eske, nach der Brücke 1. Straße links.
- Strandhill Caravan & Camping Park, Tel. 0 71/6 81 20; an der Küste 8 km westlich von Sligo.
- B & B Mrs. Carter, Primrose Grange House, Tel. 0 71/6 20 05; am Fuß des Knocknarea.
- Sligo Park Hotel (***), Pearse Road, Tel. 0 71/6 02 91; an der Ausfallstraße in Richtung Dublin; modernes Hotel mit großem Freizeitangebot.

■ Tourist Information

Sligo, Temple Street, Tel. 0 71/6 12 01; ganzjährig geöffnet.

■ Karte

DS 1 : 50 000, Blatt 25.

■ Programm für Regentage

Sligo Abbey, im 13. Jh. gegründetes Dominikanerkloster; geöffnet Mitte Juni – Mitte Sept. tägl. 9.30 – 18.30 Uhr; im Stadtzentrum; Eintrittsgebühr.

22 In den Bricklieve Mountains

Die Gräber von Carrowkeel

Etappen
Parkplatz – Grabhügel auf 1. Bergrücken 0,5 km – Grabhügel auf 2. Bergrücken 0,5 km – querlaufende Mauer 2,5 km – Fahrweg 2,5 km – Parkplatz 1 km

Tourencharakter
Vorwiegend auf Trittspur über Schafweide und durch kniehohe Heide; nicht ganz einfach.

Sehenswertes am Weg
Ganggräber aus der Jungsteinzeit.

Wegmarkierung
Keine.

➡ Von Ihrem Parkplatz aus folgen Sie dem Fahrweg nach links 100 Meter bergauf zu einer Gabelung, an der Sie sich links halten. Nach der Brücke im Tal, ausgangs der folgenden Linkskurve, biegen Sie auf einen Pfad nach rechts ab, der durch Heide auf einen Bergrücken der **Bricklieve Mountains** hinaufführt.

Insgesamt sechs solcher schmaler Bergrücken, umgedrehten Schiffsrümpfen ähnlich, verlaufen parallel zueinander. Obwohl sie sich nur rund 100 Meter über die umgebende Landschaft erheben, wirken sie durch die steil in Felsstufen abfallenden Seiten wie richtige Berge. Auffälligstes Merkmal sind die **Grabhügel**, die jedem Bergrücken aufsitzen, 14 Gräber insgesamt. Die Vermutung liegt nahe, daß es sich um einen Friedhof aus der Jungsteinzeit (ca. 3000 v. Chr.) handelt. In den Steinhügeln fand man Grabkammern, die größtenteils durch einen Gang (passage) zugänglich waren, darin Grabbeigaben – Töpferwaren, Nadeln aus Knochen, Steinperlen.

Am Nordende des Rückens stoßen Sie auf zwei Gräber. Beim ersten Grab ist die Kammerdecke eingestürzt, doch bei dem etwas weiter nördlich gelegenen ist in dem langgestreckten Hügel ein Kammergrab zu erkennen.

Ein Pfad verläuft von diesem Bergrücken in östlicher Richtung durch eine Senke auf einen zweiten Rücken, von dessen Nordspitze das hügelige Gebiet zwischen den Ox Mountains im Nordwesten bis zum Tiefland des Shannon im Osten zu überblicken ist.

Auf diesem Bergrücken liegen vier Gräber; in eines kann man durch

22 In den Bricklieve Mountains

einen engen Gang in die Grabkammer kriechen. Von dem weiter oben auf der Höhe gelegenen Grab wird gesagt, daß am längsten Tag des Jahres die untergehende Sonne die Grabkammer beleuchtet.

Von dem südlichsten der Gräber steigen Sie auf dem Bergrücken in südöstlicher Richtung ohne Pfad leicht an, übersteigen einen Zaun und gelangen zum *höchsten Punkt (321 m)* der Bricklieve Mountains. Auf dieser Hochfläche wenden Sie sich nach links zum östlichen Steilabfall dieses Plateaus, wo Sie auf einen breiten Pfad stoßen.

Auf dem nächsten Bergrücken können Sie ringförmige Anlagen von mehreren Metern Durchmesser ausmachen, **Mauerreste eines steinzeitlichen Dorfes**. Ob die Erbauer dieser Behausungen auch die Gräber errichteten, ist ungewiß, doch gilt diese Ansammlung von ca. 50 Fundamentmauern als eines der ältes-

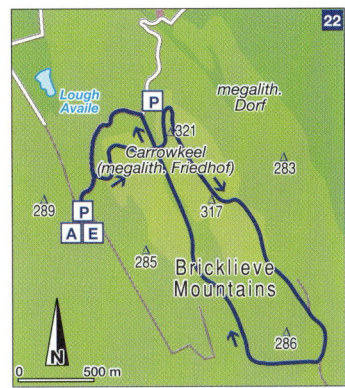

ten prähistorischen Dörfer Nordeuropas. Da ein Abstecher dorthin wegen der steil abfallenden Felswände nicht einfach ist, werden Sie sich mit der Betrachtung aus der Ferne begnügen.

Sie folgen dem Pfad am Rand des Plateaus nach rechts, übersteigen vier querlaufende Mauern und folgen der *fünften Mauer* auf einem Pfad nach rechts leicht bergauf. Kurz nachdem die Mauer endet, gehen Sie, einige Meter nach links versetzt, in Verlängerung Ihrer bisherigen (südwestlichen) Laufrichtung weiter zum westlichen Rand der Hochfläche.

Rechts von Ihrem Standort an der Talkante führt eine *natürliche Rampe* in das vor Ihnen liegende enge Tal. Zwischen hohen Felswänden verläuft ein Pfad talaufwärts und steigt schließlich nach links auf den Bergrücken hoch. Sie allerdings bleiben auf der *Talsohle* und arbei-

Auch wenn sie nur 100 m über die umgebende Landschaft hinausragen, sind die Bricklieve Mountains nicht ganz einfach zu begehen.

22 In den Bricklieve Mountains

ten sich durch hohe Heide mühsam weiter zum Talschluß vor, erreichen den höchsten Punkt und steigen bequem in ein Tal ab. An dessen Ausgang stoßen Sie auf einen Fahrweg, auf dem Sie nach links zu Ihrem Ausgangspunkt zurückkehren.

Informationen zur Tour

■ Ausgangsort

Parkplatz in den Bricklieve Mountains; bei Castlebaldwin (Co. Sligo).

■ Anfahrt

PKW: Von Sligo auf der N 4 in Richtung Boyle. Nach ca. 25 km in Castlebaldwin rechts abbiegen in Richtung Ballymote; der Ausschilderung »Carrowkeel Passage Tombs« ca. 4 km folgen zu einem Gatter; auf Fahrweg weiter zu derjenigen Stelle, an der der Fahrweg unterhalb des ersten Rückens der Bricklieve Mountains links abknickt. Parken am Wegrand, so daß der Torftransport nicht behindert wird.
Bus: Linie Sligo – Athlone über Castlebaldwin, nur freitags; zum Ausgangspunkt hin und zurück 8 km.

■ Einkehrmöglichkeiten

Unterwegs keine. Nächster Pub in Castlebaldwin.

■ Unterkünfte

- Eden Hill Holiday Hostel, Pearse Road, Sligo, Tel. 071/4 32 04; an der N 4 aus Richtung Boyle am Stadtrand von Sligo.
- Lough Key Camping & Caravan Park, Boyle, Tel. 079/6 22 12; an der N 4, 3 km südlich von Boyle.
- B & B Mrs Gardiner, Tower Hill, Castlebaldwin, Tel. 079/6 60 21; an der N 4 zwischen Castlebaldwin und Ballinafad.
- Coopershill House, Tel. 071/6 51 08; in Riverstown, ca. 8 km nördlich von Castlebaldwin; elegantes Irish Country House (18. Jh.), seit 7 Generationen im Familienbesitz.

■ Tourist Information

Castlebaldwin, an der Hauptstraße.

■ Karte

DS 1:50 000, Blatt 25.

■ Programm für Regentage

Boyle Abbey, eindrucksvolle Ruinen eines Zisterzienserklosters (12. Jh.); Juni-Sept. tägl. 9.30–18.30 Uhr, Eintrittsgebühr.
- King House, im 18. Jh. erbautes Herrenhaus mit Ausstellung zum einstigen Königreich Connaught; Mai-Sept. Di-So 10–18 Uhr, April und Okt. Sa/So 10–18 Uhr; Eintrittsgebühr; in Boyle.

23 Die Klippen von Slieve League

Einstiges Pilgerziel

km: 15,5
Etappen: 3
Stunden: 5–6
Höhenunterunterschied: 570

Etappen
Teelin – Bunglass 4 km – Slieve League 5 km – Teelin 6,5 km

Tourencharakter
Steiler Anstieg auf einem Pfad entlang des Klippenrands; Schwindelfreiheit und Trittsicherheit notwendig! Nicht bei bewölktem Himmel und starkem Wind!

Sehenswertes am Weg
Die höchsten Klippen Irlands; Fundamentreste einer Wallfahrtskapelle.

Wegmarkierung
Keine.

→ Vom Parkplatz gegenüber dem Pub »The Rusty Mackerel« in **Teelin** folgen Sie der Straße noch 100 Meter weiter in Richtung *Teelin Point*, biegen rechts ab *(Ww: Bunglass/The Cliffs)* und steigen auf einer schmalen Straße zwischen Weiden und einzelnen Bauernhöfen hindurch stetig an, bis die Straße – nachdem Sie links auf dem Landvorsprung **Carrigan Head** einen ehemaligen **Wachturm** passiert haben – am Parkplatz »Bunglass« endet.

Der Blick auf die **Klippen von Slieve League**, dessen Südflanke beinahe 600 Meter senkrecht zum Meer abfällt, ist atemberaubend. Die höchsten Klippen Irlands stets vor Augen, steigen Sie auf einem gut ausgetretenen Pfad an, der sich entlang der Kante des Steilabfalls über felsiges und heidebewachsenes Gelände steil bergauf windet. Nachdem Sie über die niedere Erhebung **Scregeighter (308 m)** gestiegen sind, sollten Sie bei **Eagle's Nest** *Vorsicht walten lassen*, vor allem an windigen Tagen: Der Pfad verläuft hier recht nahe an der Kante des fast senkrechten Steilabfalls! Zunächst steigt der Pfad etwas sanfter, dann am zunehmend schmaler werdenden Bergrücken Crockrawer wieder recht steil an – auch hier sollten Sie vorsichtig sein! – und führt vollends zum plateauartigen Ostgipfel (575 m) des **Slieve League** hinauf, von wo sich ein phantastischer Ausblick auf den Steilabfall und auf die Berge der Halbinsel bietet, bei guten Sichtverhältnissen gar auf die Berge in Connemara.

Wer einen Abstecher zum »cairn« auf dem **Westgipfel (595 m)** machen möchte (hin und zurück 1/2

Std.), sollte *schwindelfrei* sein, denn der Pfad verläuft auf ca. 200 Meter Länge auf einem nur 1 Meter breiten Grat – daher auch die zutreffende Bezeichnung **»One Man's Pass«**.

Zur Fortsetzung der Tour folgen Sie vom östlichen Gipfelplateau dem nordöstlichen Ausläufer des Slieve League durch Erosionsrinnen und ein Blockgebiet in einen Bergsattel. Zwischen den Felsbrocken sind die unauffälligen Überreste einer **Wallfahrtskirche** heute kaum mehr zu erkennen.

In dieser unwirtlichen Landschaft ließ sich im 6. Jh. angeblich einer der frühen Missionare nieder, der Heilige Aodh MacBricne, und erbaute nahe einer Quelle eine kleine Kirche. Bis zum Jahr 1909 war diese Kirche ein Wallfahrtsort, zu dem Pilger auf einem über die Ostseite des Berges heraufführenden Weg anstiegen.

Zwei *Steinmännchen* zeigen an, wo Sie sich nach rechts wenden und auf einem streckenweise feuchten Pfad in ein Tal absteigen, das sich zur Teelin Bay hin immer weiter öffnet. Nach kurzer Zeit stoßen Sie auf den einstigen Pilgerweg, einen breiten, befestigten Pfad.

Stets mit Blick auf *Teelin Bay* gehen Sie bequem bergab, passieren **Croleavy Lough**, einen zwischen den Berghängen schön gelegenen See, und, einige Minuten später,

Farbig gestrichene Hausfronten, Bilder an Wänden oder, wie hier in Teelin, auf Türen, auffällige Schilder - Pubs in Irland sind meist nicht zu übersehen.

23 Die Klippen von Slieve League

Der Abstecher zum Westgipfel von Slieve League führt über einen schmalen Grat, den sogenannten »One Man's Pass«.

einen kleinen *Parkplatz*. Auf der schmalen Zufahrtsstraße zu diesem Parkplatz gelangen Sie entlang des recht steil abstürzenden Abflusses des Croleavy Lough an die querlaufende Küstenstraße, der Sie wenige hundert Meter nach rechts folgen zu Ihrem Ausgangspunkt in Teelin.

Informationen zur Tour

■ Ausgangsort

Teelin, weit auseinandergezogener Weiler an der Teelin Bay; nahe Carrick (Co. Donegal).

■ Anfahrt

PKW: Von Donegal (Town) auf der N 56 nach Killybegs; auf der R 263 nach Carrick und links abbiegen in Richtung Bunglass/Teelin Pier. In Teelin Parkplatz gegenüber dem Pub »Rusty Mackerel«.
Bus: Eireann-Linie Killybegs – Malinmore sowie McGeehans Coaches von Dublin (Royal Hotel) nach Glencolumbkille über Carrick (Auskunft Tel. 075/46101). Von dort zusätzlich 2,5 km zum Ausgangspunkt.

■ Einkehrmöglichkeiten

Pub am Ausgangspunkt.

23 Die Klippen von Slieve League

■ Unterkünfte

- Derrylahan Independent Hostel, Kilcar, Tel. 073/3 80 79; Campingmöglichkeit; ganzjährig geöffnet; 3 km außerhalb von Kilcar an der Küstenstraße nach Carrick.
- B & B Sea Crest, Teelin, Tel. 073/3 91 48; am Teelin Harbour; unweit des Ausgangspunkts.
- Bay View Hotel, Killybegs, Tel. 073/3 19 59; an der Hauptstraße nahe dem Hafen.

■ Tourist Information

Carrick Tourism, Tel. 073/3 90 07; an der Hauptstraße in Carrick.

■ Karte

DS 1:50 000, Blatt 10.

■ Variante

Länge 8 km; Gehzeit 3 Std. Einfacher Anstieg auf dem Pilgerpfad zum östlichen Gipfel des Slieve League. Zunächst bequem auf breitem, befestigtem Weg, dann zunehmend steiler, streckenweise feucht. Rückweg identisch. *Anfahrt:* wie oben, aber schon am Ortsbeginn von Teelin rechts abbiegen *(Ww. Sliabh League)* und auf schmalem Sträßchen 1,5 km bergauf zu einem Parkplatz am Ende des Asphaltbelags.

24 Im Tal von Glencolumbkille

Faszinierende Küste, frühchristliche Kultur

km	**9**
Etappen	**4**
Stunden	**3**
Höhenunterschied	**290**

Etappen
Parkplatz an Glen Bay – Glen Tower 2,5 km – Sattel 1 km – Talstraße 4 km – Parkplatz 1,5 km

Tourencharakter
Auf altem Weg zur Küste und über offenes Gelände am Hang des Garveross and Beefan Mountain; auf Sträßchen durch den Ort.

Sehenswertes am Weg
Frühchristliche verzierte »standing stones«; ehemaliger Wachtturm an der Steilküste.

Wegmarkierung
Keine.

➡ Vom Parkplatz an der **Glen Bay** folgen Sie der Straße einige Meter weit in eine Linkskurve und biegen rechts auf einen alten Fahrweg ab. Links des Wegs liegt kurz darauf die Pilgerstation **»Place of the Knees«**, eine flache Vertiefung, markiert durch einen Steinhügel.

Sie ist eine der 15 Stationen, an denen am 9. Juni gebetet wird, am Todestag des heiligen Colmcille (522 – 597). Diese Stationen sind vorchristliche Grabhügel und aufrechtstehende Steine, verziert mit geometrischen Figuren oder Kreuzen. Dem Missionar Colmcille, eher bekannt unter dem Namen St. Columba, sei es zu verdanken – so erzählt eine Legende –, daß das Tal heute frei sei von bösen Geistern und ständigem Nebel. Ob Colmcille allerdings hier eine klösterliche Gemeinschaft gründete, ist ungewiß.

In einem Rechtsbogen führt der Weg zu einem Gehöft hinauf. Kurz zuvor befinden sich zur Rechten die Überreste einiger **Grabhügel**, ein aufrecht stehender Stein, verziert mit einem Kreuz, sowie die Fundamente von **Colmcille's Chapel**. In der Nordostecke der einstigen Kirche ist **Colmcille's Bed** zu sehen, eine Steinplatte, auf der der Heilige während seiner Pilgerwanderung geruht haben soll.

Station am Pilgerweg, der durch das grüne Tal von Glencolumbkille führt.

24 Im Tal von Glencolumbkille

Am Gehöft beginnt ein Weg, der am Südwesthang des **Beefan and Garveross Mountain** (Doppelgipfel, 275 Meter und 280 m) in Kehren steil ansteigt, dann auf einen niederen Sattel am Ende eines Hochtals zuhält. Noch vor Erreichen dieses Sattels zweigt links ein Weg ab, der nach links zum **Glen Tower**, einem ehemaligen Wachtturm, führt. Anfang des 19. Jh. wurden entlang der Nordwestküste zwölf solcher Türme in Sichtweite voneinander erbaut. Von hier aus wurde das Meer abgesucht nach napoleonischen Flottenverbänden, deren Invasion befürchtet wurde. Diese Invasion fand aber nie statt.

Sie kehren zurück zum Hauptweg, steigen an bis zum Sattel, dann nach rechts auf den flachen, westlichen Gipfel des **Beefan and Garveross Mountain**. Sie wenden sich etwas nach rechts, queren einen südwestlichen Bergausläufer und steigen ab – mit schönem Blick auf Glen Bay und das Tal – zu einem Fahrweg. Diesem folgen Sie nach rechts bergab, vorbei am **Farranmacbride Court Cairn**, einem schönen

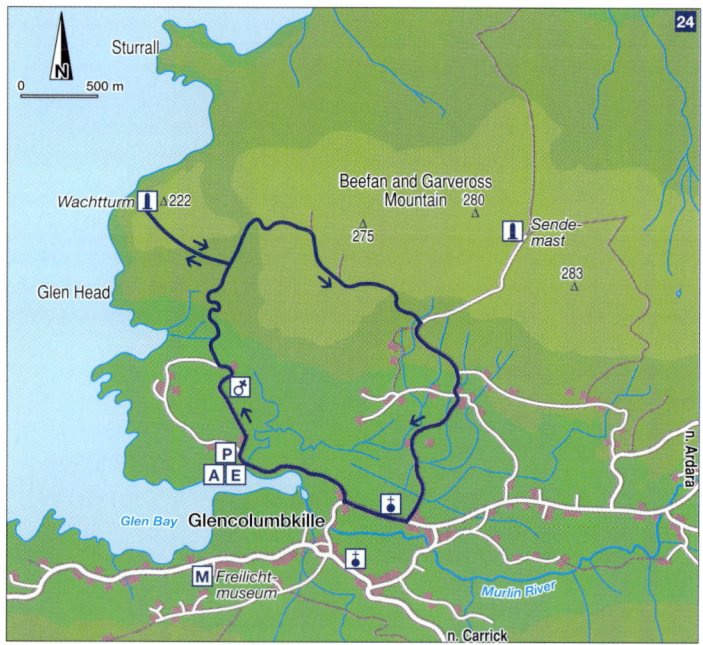

Beispiel eines megalithischen Grabes mit einem Hof. Auf der Talsohle mündet der Fahrweg in die Talstraße ein. Sie wenden sich nach rechts zur **Church of Ireland** (1828), die umgeben ist von einem Friedhof. Hier befindet sich eine Art Keller, ein unterirdischer, aus Steinen erbauter Raum, wie er häufig bei »ring forts« aus der Eisenzeit gefunden wurde. Etwa 50 Meter nach dem Friedhof, unmittelbar an der Straße, steht auf einer nur wenige Meter hohen felsigen Erhebung das auffälligste Monument des Pilgerwegs: eine 2 Meter hohe **Steinsäule** mit kreuzförmigen Ornamenten.

Nach einem Kilometer auf der Straße erreichen Sie wieder Ihren Ausgangspunkt.

Informationen zur Tour

■ Ausgangsort

Glencolumbkille (Glencolmcille), kleiner Touristenort an der sandigen Glen Bay (Co. Donegal); irischsprachiges Gebiet.

■ Anfahrt

PKW: Von Donegal (Town) auf der N 56 nach Killybegs; links abbiegen auf die R 263; über Kilcar und Carrick nach Glencolumbkille. Am Ortsbeginn nach rechts in das Tal des Murlin River; auf der Talstraße links, 1,5 km zum Parkplatz an der Brücke über einen Arm der Glen Bay. *Bus:* Linie Killybegs – Malinmore, Mo–Sa ein- bis zweimal tägl.

■ Einkehrmöglichkeiten

Unterwegs keine; am Ausgangsort Pubs und Restaurant.

■ Unterkünfte

- Dooey Hostel, Tel. 073/3 01 30; Campingmöglichkeit; ganzjährig geöffnet; im Ort.
- B & B Mrs Cunningham, Brackendale, Tel. 073/3 00 38; in der Nähe der Kirche.
- Glencolmcille Hotel, Tel. 073/3 00 03; in Malinmore, südwestlich von Glencolumbkille; familiär geführtes Hotel.

■ Tourist Information

Glencolumbkille, Tel. 073/3 01 16; an der Hauptstraße.

■ Karte

DS 1:50 000, Blatt 10.

■ Programm für Regentage

- Folk Museum: Freilichtmuseum; tea-room; Souvenirladen; Führungen jede Stunde, Mo–Sa 10–18 Uhr, So 12–18 Uhr; Eintrittsgebühr.
- Dolmen bei Malinmore.

25 In den Bergen von Donegal

Bergsee in einsamer Landschaft

Etappen
Parkplatz an R 251 – höchster Punkt 1 km – Lough Altan 2,5 km – Parkplatz 3,5 km

Tourencharakter
Auf altem Weg durch einsames, moorbedecktes Bergland zum schön gelegenen Altan Lough; Rückweg identisch.

Sehenswertes am Weg
Verlassenes Gehöft am Altan Lough.

Wegmarkierung
Keine.

→ Von Ihrem Parkplatz an der Straße *Dunlewy – Letterkenny* steigen Sie, mit Blick auf den Quarzitkegel des **Errigal (751 m)** zu Ihrer Linken, auf dem einstigen Zufahrtsweg zur Altan Farm entlang eines Bächleins in nördlicher Richtung an. Zunächst ist noch die alte Steinpflasterung zu sehen, doch schon wenig später ist der Weg völlig grasüberwachsen. Auf der zunehmend feuchteren Trasse des Wegs gewinnen Sie am Ostausläufer des **Mackoght (555 m)** in einem Links-, dann Rechtsknick allmählich Höhe, bis Sie den höchsten Punkt der Wanderung erreichen (ca. 325 m) und hier ein längeres morastiges Wegstück zu überwinden haben. Auf den Hang auszuweichen ist zwecklos, denn tiefe, morastige Erosionsrinnen machen dort ein Fortkommen noch beschwerlicher.

Mit Blick auf das teilweise bewaldete Tal des *Callaber River*, das sich zur Nordküste hin weit öffnet, auf die kahlen, steil ansteigenden Berge **Aghla More (584 m)** und **Aghla Beg (603 m)** in Ihrer Laufrichtung und auf die Bergkette der **Derryveagh Mountains** mit dem **Dooish (652 m)** zu Ihrer Rechten steigen Sie nun in weiten Kehren ab und sehen wenig später den zwischen steilen Bergflanken sich erstreckenden See **Altan Lough** vor sich.

Sie überqueren einen **Zufluß des Altan Lough** – normalerweise mittels Trittsteinen kein Problem *(nach Niederschlägen kann die Überquerung schwierig werden)* – und erreichen die verlassene **Altan Farm** am Ostufer des Sees, wo sich am Strand nette Rastplätze finden lassen.

Das Gehöft mit einem beeindruckend großen Wohnhaus wurde im 19. Jh. von einem Rechtsanwalt gebaut, der seiner Arbeit überdrüssig geworden war und als »Aussteiger« in der Einsamkeit der Berge lebte. Nachdem sich für ein Leben in dieser Einöde kein Nachfolger fand, blieb das Gehöft dem Verfall überlassen.

Auf demselben Weg kehren Sie zu Ihrem Ausgangspunkt zurück, haben nun aber während des Abstiegs zur Straße die Derryveagh Mountains mit ihrer höchsten Erhebung, dem **Slieve Snaght (678 m)**, vor sich.

Informationen zur Tour

■ Ausgangsort

Parkplatz am Fuß des Errigal, unweit von Dunlewy (Co. Donegal).

■ Anfahrt

PKW: Von Dunglow an der Nordwestküste auf der N 56 in Rich-

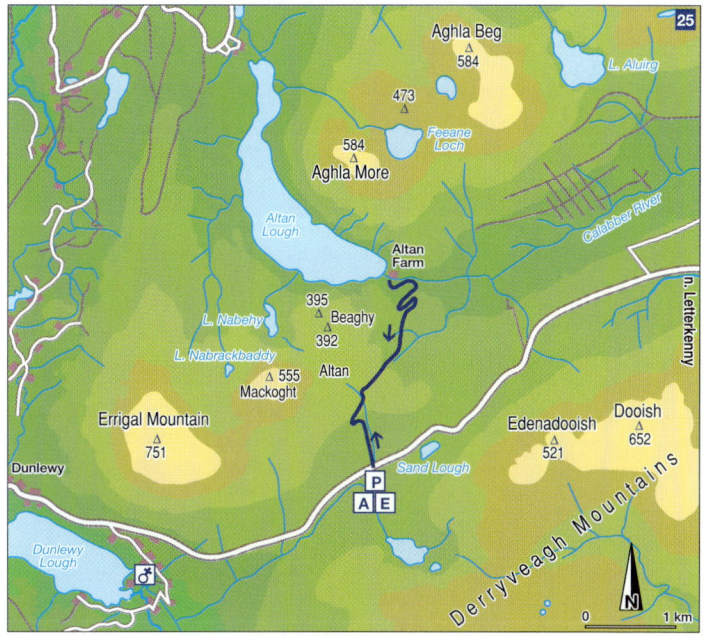

25 In den Bergen von Donegal

Typisch für Donegal: unbesiedelte Berglandschaft, heidebewachsener Torfboden, durchsetzt von Wasserlöchern und durch Erosion entstandene Rinnen.

tung Falcarragh; nach ca. 20 km rechts abbiegen auf die R 251; 5 km nach Dunlewy äußerst beschränkte Parkmöglichkeiten unmittelbar an einer kleinen Brücke, an der ein einstiger Fahrweg links abzweigt – zu erkennen an zwei gemauerten, schon verwitterten Torfpfosten.

■ Einkehrmöglichkeit

Unterwegs keine; nächste Cafeteria im Dunlewy Lakeside Centre.

■ Unterkünfte

- JH Errigal Mountain, Tel. 075/3 11 80; in Dunlewy.
- B & B Mrs. O'Donnell (zu erkennen an Schild: »Bia Agus Leaba«), Tel. 075/3 18 35; Tee und Snacks; in Dunlewy an dem Sträßchen, das zur Kirchenruine hinunterführt.

■ Tourist Information

Letterkenny, Derry Road, Tel. 074/2 11 60; ganzjährig geöffnet.

■ Karte

DS 1:50 000, Blatt 1

■ Programm für Regentage

Dunlewy Lakeside Centre, ehemaliges Wohnhaus eines Webers, heute Museum mit Ausstellung zum Thema Wollverarbeitung und Alltagsleben in der Mitte des Jahrhunderts; Cafeteria; Bootsfahrten auf dem Lake Dunlewy; Ostern – Okt. Mo – Sa 11–18 Uhr, So 12–19 Uhr.

26 Im Glenveagh National Park

Glenveagh Castle und Garten

km 10,5	
Etappen 5	
Stunden ca. 4	
Höhenunterschied 550	

Etappen
Glenveagh Castle – Lough Nambradden 2 km – Kinnaveagh 1,5 km – Glenlack Burn 2 km – Lough Veagh 2 km – Glenveagh Castle 3 km

Tourencharakter
Steiler Anstieg auf Pfad bzw. pfadlos über Heidefläche; im Tal auf Fahrwegen.

Sehenswertes am Weg
Glenveagh Castle und Gartenanlage.

Wegmarkierung
Keine.

→ Mit dem *parkeigenen Bus* (Abfahrt am **Besucherzentrum**) fahren Sie 3 Kilometer weit in den Park zum **Glenveagh Castle**. Erstaunt ist man, nach der Anfahrt über das dünn besiedelte, manchmal düster wirkende Bergland im Norden Donegals hier auf eine gepflegte Gartenanlage und ein schloßartiges Herrenhaus zu stoßen. Ein wohlhabender Landbesitzer hatte sich Mitte des letzten Jahrhunderts in dem engen Tal eingekauft und begonnen, Schafe zu züchten. Später vertrieb er die auf seinem Land ansässigen Bauern, erbaute am Lough Veagh seinen Wohnsitz, legte einen Garten an mit exotischen Pflanzen. In den siebziger Jahren wurde das Gelände vom Staat aufgekauft und in einen Nationalpark umgewandelt, in dem heute eine große *Rotwildherde* heimisch ist.

Vom Wendeplatz des Busses folgen Sie dem Fahrweg, der am Schloß vorbeiführt, wenden sich nach dem schmiedeisernen Tor in der Gartenmauer nach links *(Ww. »Viewpoint Path«)* und steigen steil an zu einem **Aussichtspunkt** oberhalb von Glenveagh Castle, von dem aus Sie das durch Gletscher geformte Tal und den See **Lough Veagh** überblicken.

Ein Pfad führt zur Höhe des kahlen Bergrückens hinauf, wo Sie sich nach rechts wenden, **Lough Nam-**

Touristenmagnet in den schroffen, dünn besiedelten Bergen von Donegal: das einstige Herrenhaus Glenveagh Castle mit Garten.

26 Im Glenveagh National Park

Dieses Tal verengt sich zu einer Schlucht, in der Sie auf die linke Bachseite wechseln, wo ein ausgetretener Pfad verläuft. Dieser geht im nun bewaldeten Tal in einen Weg über und führt auf die Talsohle des **Owenveagh River** hinab, wo er in einen Fahrweg einmündet. Nach rechts erreichen Sie entlang dem Ufer des **Lough Veagh** bequem Glenveagh Castle.

Auf diesem Streckenabschnitt fallen riesige Rhododendronsträucher auf. Diese eingeführten Pflanzen fühlen sich auf dem moorigen

Auf feuchtem Boden wachsen vor allem im Westen Irlands seltene Orchideen, die zwischen Mai und Juli blühen.

bradden passieren und über feuchtes, von Erosionsrinnen zerfurchtes Terrain einen überwachsenen Fahrweg erreichen, der Sie hinaufleitet zum **Kinnaveagh (387 m)**. Vom Gipfelplateau bietet sich ein weiter Blick auf *Lough Veagh*, über die *Derryveagh Mountains* im Westen und *Lough Gartan* im Osten.

Dem Südwestausläufer des Kinnaveagh folgen Sie in Richtung *Leahanmore (451 m)* in einen Sattel. Noch ehe Sie den Tiefpunkt des Sattels erreicht haben, steigen Sie nach rechts ab – allerdings erst nach etwa 30 Minuten ab dem Gipfel, da eine Felswand am Westhang des Kinnaveagh einen früheren Abstieg unmöglich macht – in das moorige Tal zwischen *Kinnaveagh* und *Scollops*, in dem Sie sich talabwärts halten.

Boden so wohl, daß sie heute eine Bedrohung für den einheimischen Eichenwald darstellen und mühsam zurückgedrängt werden müssen, denn natürliche Feinde, die ihre Blätter fressen, haben sie hier nicht.

Informationen zur Tour

■ Ausgangsort

Besucherzentrum des Glenveagh National Park im Nordwesten Donegals.

■ Anfahrt

PKW: Von Letterkenny auf der N 56 in Richtung Nordküste; 3 km nach Kilmacrennan links abbiegen auf die R 255; nach 6 km auf der R 251 nach rechts zum Parkplatz am Besucherzentrum des Glenveagh National Park.
Keine Busverbindung.

■ Einkehrmöglichkeiten

Cafeteria im Glenveagh Castle; Restaurant im Besucherzentrum.

■ Öffnungszeiten

Besucherzentrum Glenveagh National Park: Audiovisuelle Vorführung, Ausstellung; geöffnet Anfang April-Anfang Nov. tägl. 10-18.30 Uhr, von Juni-Sept. So bis 19.30 Uhr. Eintrittsgebühr berechtigt auch zum Benützen des Kleinbusses zu dem einige Kilometer entfernt liegenden Glenveagh Castle: Dort geführte Touren, Garten; Öffnungszeiten wie Besucherzentrum.

■ Unterkünfte

- JH Errigal Mountain, Tel. 075/3 11 80, ganzjährig geöffnet; in Dunlewey.
- B & B McElwee, Fern House, Lower Main Street, Tel. 074/3 92 18; in Kilmacrennan, 10 km östlich vom Glenveagh National Park an der N 56.

■ Tourist Information

Letterkenny, Derry Road, Tel. 074/2 11 60; ganzjährig geöffnet.

■ Karte

DS 1:50 000, Blatt 6.

■ Programm für Regentage

- Colmcille Heritage Centre: Ausstellung zu Leben und Zeit von Colmcille, einem der frühchristlichen Missionare, im Jahr 521 am Lough Gartan geboren; geöffnet Osterwoche und Mitte Mai-Ende Sept. Mo-Sa 10.30-18.30 Uhr, So 13-18.30 Uhr Uhr; Eintrittsgebühr; von der R 251 bei Church Hill abbiegen (ausgeschildert).

27 Die Küste von North Antrim

»Area of outstanding natural beauty«

km 21,5	
Etappen 8	
Stunden 6,5	
Höhenunterunterschied 130	

Etappen
Ballintoy – Ballintoy Harbour 2 km – Portbradden 4 km – Milltown 2 km – Dunseverick Castle 1 km – Hamilton's Seat 3 km – Port na Spaniagh 2,5 km – Besucherzentrum 2,5 km – Portballintrae 4,5 km

Tourencharakter
Auf Pfad entlang der streckenweise steil abfallenden Küste. Vorsicht bei Sturm! Streckenweise über Strand.

Sehenswertes am Weg
Kleine Fischerhäfen; kleinste Kirche Irlands; Burgruine Dunseverick; UNESCO-World Heritage Site Giant's Causeway.

Wegmarkierung
Nur streckenweise.

→ Von **Ballintoy** bzw. der Bushaltestelle am Ortsanfang gehen Sie auf

Kleine malerische Häfen wie der von Ballintoy, steil abfallende Klippen – die Küste von North Antrim gilt als eine der schönsten Irlands.

der Küstenstraße in Richtung Portrush zurück und biegen nach rechts ab auf ein Sträßchen, auf dem Sie zum **Ballintoy Harbour** gelangen. Von dem idyllisch an der felsigen Küste gelegenen kleinen Fischerhafen führt ein Weg um eine Landspitze herum zur halbmondförmigen Bucht **White Park Bay**.

Ausgrabungen sowie ein Grabhügel – auf einer kleinen Erhebung etwa in der Mitte der Bucht gelegen – zeigen, daß vor Tausenden von Jahren Menschen hier siedelten, während heute nur eine Jugendherberge oberhalb des Strandes liegt. Lassen Sie sich von dem mehrere hundert Meter langen hellen Sandstrand jedoch nicht zum Schwimmen verführen, denn die Strömungen sind gefährlich!

27 Die Küste von North Antrim

Auf dem Strand gelangen Sie zum westlichen Ende der Bucht, wo Sie an einem Landvorsprung über Geröll klettern und die wenigen Häuser von **Portbradden** erreichen. In dem winzigen Fischerhafen steht die **kleinste Kirche Irlands**, die dem Heiligen Goban gewidmet ist. Sie befindet sich in Privatbesitz, kann jedoch besichtigt werden.

Von Portbradden führt der Weg direkt an der Küste weiter und um die Landspitze **Gid Point** herum. Einige hundert Meter vor *Milltown* stoßen Sie auf ein Sträßchen, das Sie kurz vor der Einmündung in die Küstenstraße nach rechts verlassen. Parallel zur Straße gehen Sie nun auf **Dunseverick Castle** zu.

Auf einem felsigen Vorsprung liegen die Ruinen eines im 16. Jh. erbauten und im Jahr 1642 von Cromwells Truppen zerstörten Wohnturms. An derselben Stelle befand sich zuvor ein »promontory fort«, einst Sitz der Könige des keltischen Königreichs Dalriada und Endpunkt einer der fünf wichtigen Straßen, die Tara, das damalige Machtzentrum, mit den verschiedenen Regionen Irlands verbanden.

Ein Pfad steigt entlang der Klippenkante an zu **Benbane Head (110 m)** und **Hamilton's Seat**, einem nach einem Naturbeobachter des letzten Jahrhunderts benannter Aussichtspunkt. Sie bleiben weiterhin oberhalb der Klippen, die immer wieder als schmale Landzungen ins Meer vorspringen. An einer davon, heute **Port na Spaniagh** genannt, strandete im Jahr 1588 das größte Schiff der spanischen Armada, die »Girona«, wobei 1300 Seeleute und Soldaten umkamen.

Obwohl der Blick vom Klippenrand faszinierend ist, empfiehlt sich ein Abstieg zur Küste. Noch vor den ins Meer vorspringenden **Basaltsäulen** des Giant's Causeway führt ein Weg, der *Shepherd's Path*, zu dieser geologischen Kuriosität hinab.

Mehreckige Steinsäulen aus dunklem Basalt, dicht an dicht, in unterschiedlichen Größen, wie eine überdimensionale flache Treppe in

die Brandung des Meeres hinausragend. Der Damm des Riesen – **Giant's Causeway** – wird dieser Teil der Basaltsäulen genannt, der Sage nach erbaut durch den Riesen Finn MacCool, der trockenen Fußes zu seiner Angebeteten nach Schottland gelangen wollte. Dort erstaunen bei Fingal's Cave ähnliche Formationen. Beide entstanden vor rund 55 Mill. Jahren, als sich infolge vulkanischer Aktivitäten im Nordosten Irlands Lava über die Küste ins Meer ergoß. Durch gleichmäßige Abkühlung zog sich die flüssige Gesteinsschmelze zusammen, erstarrte zu rund 40 000 Steinsäulen, die auch in den steilen Küstenhang eingebettet sind. Als eines der großen Naturwunder der Welt gelten sie, durch die UNESCO zu einem »World Heritage Site« erklärt.

Eine Straße führt zum *Besucherzentrum,* das auf dem Klippenrand liegt. Der Wanderpfad folgt dem Klippenrand nach rechts, fällt dann ab zum **Bushfoot Strand** – auch hier ist *Schwimmen äußerst gefährlich!* –, an dessen südlichem Ende der kleine Hafenort **Portballintrae** liegt.

Verlassen wirkt heute der Küstenabschnitt beim einstigen Dunseverick Castle, wo sich um 500 der Sitz eines keltischen Königs befand.

Informationen zur Tour

■ Ausgangsort

Ballintoy, Straßendorf an der Küstenstraße zwischen Ballycastle und Bushmills.

■ Anfahrt

PKW: Von Ballycastle auf der B 15 nach Ballintoy. Parkmöglichkeiten an der Straße.
Bus: Ballintoy liegt an der Buslinie Belfast – Larne – Coleraine; tägl. ein- bis zweimal.

■ Zielpunkt

Portballintrae, kleiner Hafen- und Touristenort an der Küstenstraße. Hotels, Restaurants.

27 Die Küste von North Antrim

■ Rückfahrt

Ulsterbus Portrush – Ballycastle; Mo–Sa mehrmals tägl.; u.a. Portballintrae (Hotel Corner) ab gegen 10 Uhr; letzte Fahrt gegen 18 Uhr; So nur Mitte Juli–Ende Aug. eine Verbindung mit der Linie Coleraine – Belfast; Portballintrae ab ca. 16.30 – 17 Uhr. Fahrtdauer ca. 30 Min.; Fahrplanauskunft Tel. 0 12 32/33 30 00.

■ Einkehrmöglichkeiten

Café in Ballintoy Harbour; Cafeteria im Besucherzentrum am Giant's Causeway; Pub/Restaurant im Hotel Causeway neben dem Besucherzentrum.

■ Öffnungszeiten

Giant's Causeway: Zugang zu den Klippen jederzeit und kostenlos; Besucherzentrum mit audio-visueller Vorführung, Ausstellung, Laden (Souvenirs, Karten, Informationsmaterial); tägl. geöffnet 15. März-Ende Mai 11–17, Juni 11–17.30, Juli/August 10–19, Sept./Okt. Mo–Fr 11–17, Sa/So 10.30–17.30 Uhr; Eintrittsgebühr nur für die audio-visuelle Vorführung.

■ Unterkünfte

- White Park Bay Hostel, 157 Whitepark Road, Tel. 01 26 57/ 3 17 45; geöffnet März–Mitte Dez.; an der Wanderstrecke, 4 km westlich von Ballintoy.
- Sheep Island View Campsite, 42 Main Street, Tel. 01 26 57/6 24 70; in Ballintoy.
- B & B u.a. Bayhead House, 8 Bayhead Road, Tel. 01 26 57/ 3 14 41; in Portballintrae.
- Bayview Hotel (**), Bayhead Road, Tel. 01 26 57/3 14 53; gemütliches Hotel am Hafen von Portballintrae.

■ Tourist Information

Giant's Causeway Centre, Tel. 01 26 57/3 18 55; tägl. geöffnet.

■ Karte

OSNI 1:50 000, Blatt 5.

■ Variante

Länge 17 km, Gehzeit 5 – 5$^{1}/_{2}$ Std. Ende der Tour am Besucherzentrum Giant's Causeway möglich, da der Bus Portrush – Ballycastle hier ebenfalls hält.

■ Programm für Regentage

Dunluce Castle: malerische Burgruine auf einem steil abfallenden Felsen am Meer; zwischen dem 14. und dem 17. Jh. Wohnsitz des mächtigen MacDonnell-Clans. Geöffnet April–Sept. Di-Sa 10–19, Okt.–März 10–16 Uhr; Eintrittsgebühr.

28 Naturschutzgebiet Murlough Bay

Steile Klippen, idyllische Bucht

km	11
Etappen	4
Stunden	ca. 4
Höhenunterschied	420

Etappen
Coolanlough – Grey Man's Path 1,5 km – Parkplatz an der Hangkante 2 km – Küste 1,5 km – Benvan 3 km – Parkplatz an der Hangkante 1,5 km – Coolanlough 1,5 km

Tourencharakter
Auf Pfaden über offene Heidelandschaft und entlang dem Klippenrand; auf Wegen entlang der idyllischen Murlough Bay; mäßig steile Anstiege.

Sehenswertes am Weg
Eisenzeitliche Wohnstätte (crannog); einstige Bergarbeitersiedlung.

Wegmarkierung
Teilweise gelbe Punkte.

→ Vom Parkplatz am **Gehöft Coodanlough** gehen Sie zwischen den Gebäuden von Coolanlough hindurch und halten sich auf einem Fahrweg nach rechts. Nach 50 m übersteigen Sie einen Zaun und folgen den gelben Markierungspunkten entlang einer Trockenmauer, mit Blick auf den See *Lough na Cranagh*. Im See liegt eine künstliche Insel. »Crannog« werden diese eisenzeitlichen Wohnstätten genannt, von denen nur wenige in Irland erhalten sind. Von Wasser und einer Steinmauer oder Palisade umgeben, boten sie ihren Bewohnern Schutz vor Wölfen und Angreifern.

Über heidebewachsenes Gelände gelangen Sie in eine moorige Senke, aus der Sie leicht ansteigen zur Kante des Landvorsprungs **Benmore or Fair Head**. Vorsicht, denn das Plateau fällt bis zu 200 Meter steil ab ins Meer! Von hier aus scheinen die schottischen Inseln Islay, Jura sowie die Halbinsel Mull of Kintyre nur einen Steinwurf entfernt zu sein.

Nur vereinzelte Gebäude stehen in der Bucht Murlough Bay, die begrenzt wird durch den steil abfallenden Felsvorsprung Fair Head.

28 Naturschutzgebiet Murlough Bay

Auf einem Pfad folgen Sie der Kante des Steilabfalls nach rechts und passieren wenig später den an einer querliegenden *Basaltsäule* erkennbaren Felseinschnitt **»Grey Man's Path«**. Über streckenweise feuchte Moorheide steigen Sie an zum **Lough Fadden** und zum Parkplatz oberhalb der idyllischen **Murlough Bay**, die heute nicht mehr besiedelt ist und als Naturschutzgebiet unter der Obhut der Organisation National Trust steht.

Einer Straße folgen Sie in die teilweise bewaldete Murlough Bay hinunter zu einem weiteren Parkplatz in einer scharfen Rechtskurve. Ein Fahrweg zweigt links ab und bringt Sie zum nordwestlichen Ende der Bucht, wo *Stolleneingänge und Ruinen von Bergarbeiterhäuschen* von der einstigen Kohleförderung zeugen, die in den sechziger Jahren eingestellt wurde.

Hier kehren Sie um und gelangen entlang der Küste, vorbei an den Ruinen der **Drumnakill Church**, zu einem Fahrweg, dem Sie geradeaus, weiter entlang der Bucht, folgen. Sie passieren einen *»lime-kiln«* (Kalk-

Brennofen) und erreichen nach wenigen hundert Metern ein »cottage«.

Direkt neben diesem weißen Häuschen zweigt ein Pfad ab, der am bewaldeten Hang ansteigt, an einem **Wasserfall** vorbeiführt und am einstigen **Bauernhof Benvan**, heute im Besitz des National Trust, in einen breiteren Weg übergeht, der zum Klippenrand hochführt. Entlang der Kante des Steilabfalls erreichen Sie wieder den Parkplatz »Murlough Bay«. Diesen überqueren Sie, halten sich leicht nach links auf einem Pfad *(gelbes Quadrat als Markierung; nicht den gelben Punkten geradeaus folgen!)*, der in geringer Entfernung zum Südufer des *Lough Fadden* verläuft und Sie nach Coolanlough zurückbringt.

Informationen zur Tour

■ Ausgangsort

Parkplatz bei dem einsam gelegenen Gehöft Coolanlough (Co. Antrim).

■ Anfahrt

PKW: Von Ballycastle auf der A 2 Richtung Cushendun; in Ballyvoy links abbiegen (Ww. Scenic Route to Cushendun), nach 1 km erneut nach links (Ww. Fair Head Car Park) und 3 km zum Straßenende.
Keine Busverbindung.

■ Einkehrmöglichkeiten

Unterwegs keine. Nächstes Restaurant und Pubs in Ballycastle.

■ Unterkünfte

- Castle Hostel, 62 Quay Road, Tel. 01 26 57/6 23 37; ganzjährig geöffnet; in Ballycastle.
- Campingplatz Silver Cliffs Holiday Village, 21 Clare Road, Tel. 01 26 57/6 25 50; an der Straße Ballycastle – Ballintoy.
- B & B, u. a. Silversprings House, Quay Road, Tel. 01 26 57/6 20 80.
- Marine Hotel (***), North Street, Tel. 01 26 57/6 22 22; modernes Hotel an der Küste in Ballycastle.

■ Tourist Information

Ballycastle, Sheskburn House, 7 Mary Street, Tel. 01 26 57/6 20 24.

■ Karte

OSNI 1:50 000, Blatt 5.

■ Programm für Regentage

- Bonamargy Friary: Ruinen eines Franziskanerklosters (um 1500); am Ortsrand von Ballycastle, an der Straße nach Cushendall; jederzeit frei zugänglich.
- Bushmills: Whiskeybrennerei; an der A 2 nahe Giant's Causeway. Giant's Causeway Visitors Centre, Tel. 01 26 57/3 18 55; tägl. geöffnet.

29 In den Glens of Antrim

Wald, Wasserfälle, weite Blicke

km 8	
Etappen 3	
Stunden 2,5	
Höhenunterschied 230	

Etappen
Cafeteria im Glenariff Forest Park – Talschluß 2 km – Restaurant Manor Lodge 4 km – Cafeteria 2 km

Tourencharakter
Auf Waldwegen mit mäßiger Steigung.

Sehenswertes am Weg
Wasserfälle; schön gelegenes Restaurant.

Wegmarkierung
Teilweise rote und gelbe Punkte.

➡️ Vom Parkplatz im **Glenariff Forest Park** gehen Sie an den Gebäuden (Cafeteria, Souvenirladen, kleine Ausstellung zur Bodennutzung) am Rand des Parkplatzes vorbei und auf einem talaufwärts führenden Waldsträßchen *(Ww. »Forest Office«)* 150 Meter leicht bergab. Am Forstamt biegen Sie rechts ab auf einen abgeschrankten Fahrweg und steigen am bewaldeten Westhang des **Inver River** an zu einer Weggabelung am Waldrand. Sie halten sich nach links und folgen einem *rot markierten Weg* oberhalb der steilen Talkante über offenes Heide- und Grasland.

Man überblickt das U-förmige, von Gletschern einst ausgehöhlte Tal, in dem sich langgestreckte Wei-

Landschaftlich besonders reizvoll sind die sieben Täler an der Nordostküste von Ulster, die sogenannten Glens of Antrim.

den, unterteilt durch Mauern, den Talhang hinaufziehen. »Leitersystem« wird diese Art der Landverteilung genannt, mit dem die hier einst siedelnden Bauern das Problem lösten, das Land gerecht zu verteilen. Jeder bekam einen langen Streifen Land, der sich vom feuchten Talgrund über den bewirtschaftbaren Abschnitt zur steinigen, steil abfallenden Talkante hochzog.

An einer zweiten Weggabelung auf Höhe derjenigen Stelle, an der der Inver River in nordöstliche Richtung abknickt, gehen Sie weiterhin geradeaus zum *kesselartigen Talschluß*, in dem mehrere, teilweise tief eingeschnittene Wasserläufe über Felsstufen abstürzen und in den Inver River münden. In einem Linksbogen durchqueren Sie den Talschluß, steigen am Osthang an und gelangen auf einem bequemen Weg oberhalb einer Felswand – mit Blick auf den Talausgang und die schottischen Inseln Islay und Jura – zu einer Stelle, an der ein etwas sanfter geneigter Hangabschnitt einen kurzzeitig steilen, aber problemlosen Abstieg *(gelbe Markierung)* in mehreren Kehren erlaubt.

Der Weg verläuft nun zwar talaufwärts, fällt aber dennoch stetig leicht ab zum *Inver River*. Nach etwa einem Kilometer biegen Sie scharf rechts ab *(rote Markierung)* in Richtung Talausgang auf einen nahezu parallel verlaufenden Weg. Dies ist die *Trasse einer Bahn*, die bis vor einigen Jahrzehnten die auf der Hochfläche gelegenen Eisenerzgruben mit Red Bay Pier, der Verladestation an der Küste, verband. Von diesem Weg biegen Sie nach einigen

In den höheren Lagen, wo der Boden zu karg und feucht ist für landwirtschaftliche Nutzung, finden Schafe noch genügend Nahrung.

29 In den Glens of Antrim

Aufgrund der Wasserfälle gilt das Tal Glenariff als das schönste der sieben Glens of Antrim, die parallel zueinander verlaufen.

hundert Metern ab, steigen steil zur Talsohle hinunter und folgen dem über Felsstufen recht steil abfließenden *Inver River*. Vorbei an einigen kleineren **Wasserfällen** und **Strudellöchern** erreichen Sie den Kopf eines breiten **Wasserfalls** mit mehreren Metern Fallhöhe. Entlang dem jenseitigen Ufer *(nicht den weißen Markierungspfeilen hangaufwärts folgen!)* gelangen Sie wenig später zum Waldrand und zum Restaurant **Manor Lodge**.

Noch im Wald biegen Sie links auf einen Weg ab, der unmittelbar entlang dem **Glenariff River** talaufwärts führt. Der schmale Taleinschnitt verengt sich zu einer mehrere Meter tiefen Klamm, in der Sie auf einem gesicherten Holzsteg zu einem etwa 20 Meter hohen **Wasserfall** ansteigen. Hier überqueren Sie den Wasserlauf, steigen am Hang über Stufen an und erreichen auf einer von einer Stromleitung überspannten Lichtung eine Weggabelung. Auf dem links abzweigenden Pfad gelangen Sie zu Ihrem Ausgangspunkt zurück.

Informationen zur Tour

■ Ausgangsort

Glenariff Forest Park (Co. Antrim).

■ Anfahrt

PKW: Von Belfast auf der Küstenstraße über Larne und Carnlough nach Glenariff; links abbiegen auf die A 43 und im Tal des Glenariff River ca. 7 km zum (gebührenpflichtigen) Parkplatz im Glenariff Forest Park.
Bus: Linie Ballymena – Cushendun über Glenariff Forest Park; Mo–Sa drei- bis viermal tägl., So einmal.

■ Einkehrmöglichkeiten

Cafeteria am Ausgangspunkt.
Unterwegs das schön gelegene Restaurant mit Pub »Manor Lodge«.

29 In den Glens of Antrim

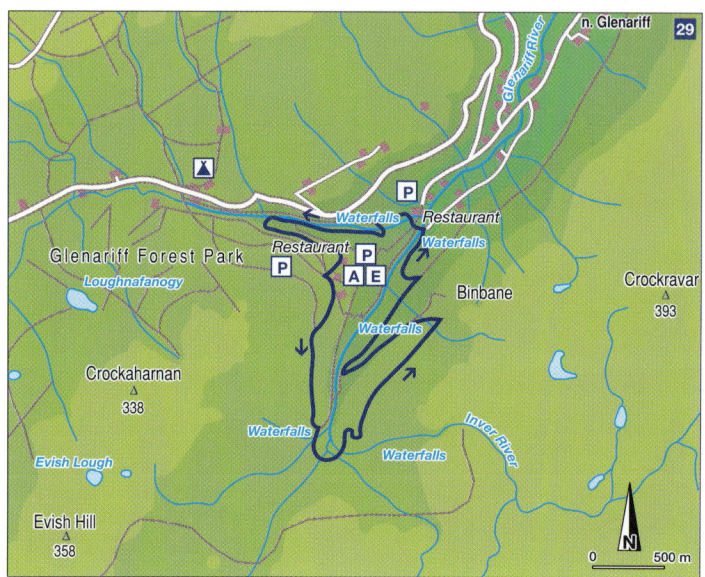

■ Unterkünfte

- Cushendall Youth Hostel, 42 Layde Road, Cushendall, Tel. 012667/71344; geöffnet März – Mitte Dez.
- Camping Glenariff Forest Park, 98 Glenariff Road, Tel. 012667/58232; an der A 43 Cushendall – Ballymena.
- B & B Mrs. Leech, Lasata, 72 Glen Road, Waterfoot, Tel. 012667/71578; an der im Tal verlaufenden Straße Glenariff – Forest Park.
- Londonderry Arms Hotel (**), 20, Harbour Road, Tel. 015748/85255; ehemalige Postkutschenstation, einst im Besitz Winston Churchills; in Carnlough, südlich von Glenariff.

■ Tourist Information

Cushendall, Mill Street, Tel. 012667/71180.

■ Karte

OSNI 1:50 000, Blatt 9.

■ Programm für Regentage

Cushendun: Netter Hafenort, 15 km nördlich des Glenariff Forest Park.

30 In den Mourne Mountains

Durch unbesiedeltes Bergland

km	**20**
Etappen	**5**
Stunden	**6,5**
Höhenunterschied	**690**

Etappen
Donard Park in Newcastle – Mourne Wall 4,5 km – Hare's Gap 3,5 km – Straße im Tal des Shimna River 3,5 km – Cafeteria im Tollymore Forest Park 4 km – Donard Park 4,5 km

Tourencharakter
Auf Pfaden durch unbesiedeltes Bergland; auf Weg durch den Tollymore Forest Park; ca. 2 km auf Straße; steiler Anstieg. Nur bei guten Wetterverhältnissen.

Sehenswertes am Weg
Mourne Wall; Tollymore Forest Park.

Wegmarkierung
Zu Beginn rote Pfeile; kurzzeitig Markierung des Ulster Way.

➡️ Vom Parkplatz am Donard Park in **Newcastle** folgen Sie zunächst der Ausschilderung »Golf Range« *(nicht nach links den Glen River überqueren!)* und folgen dem **Glen River** durch die Parkanlage. Sie steigen *(roter Pfeil als Markierung)* weiter an entlang dem bewaldeten Ufer des steil abstürzenden Glen River, den Sie mittels *Brücken* mehrmals überqueren, und erreichen den Waldrand am Fuß des Slieve Donard. Auf der anderen Flußseite fällt ein **»ice house«** auf, das einstige Kühlhaus eines Herrenhauses, das unweit der Donard Bridge stand und im Jahr 1906 wegen irreparabler Schäden abgerissen werden mußte.

In einem steilwandigen Hochtal gelangen Sie zum Talschluß, einem Kar, wo der steile Aufstieg in den Sattel zwischen **Slieve Donard (850 m)** zur Linken und **Slieve Commedagh (767 m)** durch Steinstufen, die eine weitere Erosion des Hanges verhindern sollen, erleichtert wird.

Mittels Tritthilfen übersteigen Sie den **Mourne Wall**, eine ca. 2,5 Meter hohe, breite Mauer, die über 15 Gipfel verläuft und rund 35 km lang ist. Gebaut wurde sie am Anfang des letzten Jahrhunderts, um ein riesiges Wassereinzugsgebiet zu schaffen. Das in den unbesiedelten Bergen niedergehende Regenwasser wurde in zwei riesigen Stauseen im Silent Valley aufgefangen, gespeichert – und damit die Wasserversorgung von Belfast gesichert.

Sie folgen dem Pfad geradeaus bergab und stoßen nach wenigen Minuten auf den **Brandy Pad**,

30 In den Mourne Mountains

In der vollkommen unbesiedelten Berglandschaft der Mourne Mountains wirkt der Mourne Wall, eine hohe Mauer, wie ein Fremdkörper.

einen breit ausgetretenen einstigen Schmugglerpfad.

Diesem Pfad folgen Sie nach rechts, passieren am steilen Südhang des Slieve Commedagh einen als »The Castles« bezeichneten Felskranz und steigen entlang mehrerer Steinmännchen über den Sattel zwischen *Slieve Commedagh* und *Slieve Beg* zum Oberlauf des **Kilkeel River** hinunter.

Während der Fluß südwestlich in das *Ben Crom Reservoir* einmündet, folgen Sie dem Pfad in einem weiten Linksbogen in den felsigen Sattel **Hare's Gap (430 m)**, in dem Sie erneut auf den beeindruckenden Mourne Wall stoßen. Nach rechts steigen Sie zunächst recht steil über Geröll und felsige Absätze in das Tal des *Trassey River* ab – im Hintergrund ist Lough Neagh zu sehen –, überqueren auf Höhe eines Steinbruchs einen seichten Zufluß des Trassey River und gehen im nunmehr sanft fallenden Tal auf einem Fahrweg bequem auf den bewaldeten *Clonachullion Hill* zu.

Am Waldrand mündet von links der *markierte Ulster Way* in den Fahrweg ein, auf dem Sie entlang des Waldrands zu einer Straße im Tal des **Shimna River** weitergehen. Sie folgen der Straße nach rechts und biegen nach 20 Meter an einem Wohnhaus rechts ab. Sie folgen den *Markierungen des Ulster Way* in den **Tollymore Forest Park** im Tal des Shimna River, halten sich dort, wo der *Ulster Way* nach rechts abschwenkt, geradeaus, überqueren den Fluß und folgen ihm talabwärts auf einem Pfad bis zu den Freizeiteinrichtungen des Parks.

Das einst zu einem Herrenhaus gehörende Anwesen, das im Jahr 1955 als erster Staatswald für die Öffentlichkeit zugänglich gemacht wurde, ist ein beliebtes Ausflugsziel mit Picknicktischen, Café, Ausstellung, Vogelvoliere und Arboretum.

Vom Café gehen Sie auf der Zufahrtsstraße geradeaus, vorbei am Campingplatz, und verlassen den Park durch das *Barbican Gate*. Auf der B 180 nach rechts gelangen Sie nach Newcastle, auf der rechts abzweigenden *Bryansford Road* zu Ihrem Parkplatz.

30 In den Mourne Mountains

Informationen zur Tour

■ **Ausgangsort**

Newcastle, Badeort am Fuß der Mourne Mountains (Co. Down).

■ **Anfahrt**

PKW: Von Belfast auf der A 24 über Ballynahinch nach Clough; auf der A 2 nach Newcastle. Parkplatz am Donard Park am Stadtrand.
Bus: Verbindungen von Belfast und Newry Mo–Sa mehrmals tägl.

■ **Einkehrmöglichkeiten**

Café im Tollymore Forest Park.

■ **Öffnungszeiten**

Tollymore Forest Park, tägl. geöffnet von 10 Uhr bis Sonnenuntergang.

■ **Unterkünfte**

- Newcastle Youth Hostel, 30 Downs Road, Newcastle, Tel. 01 39 67/2 21 33; geöffnet März–Mitte Dez.
- Campingplatz Glen River YMCA Centre, Greenhill, Tel. 01 39 67/ 2 31 72; in der Nähe des Donard Park.
- B & B Ashmount, 19 Bryansford Road, Tel. 01 39 67/2 50 74; zentral in Newcastle gelegen, unweit des Ausgangspunktes.
- Brook Cottage Hotel (*), 58 Bryansford Road; Tel. 01 39 67/2 22 04; etwas außerhalb des Stadtzentrums; kleines Hotel in Gebäude aus dem 18. Jh. inmitten eines Gartens.

■ **Tourist Information**

Newcastle Centre, 10-14 Central Promenade, Tel. 01 39 67/2 22 22; ganzjährig geöffnet. Weitere Informationen zu den Mourne Mountains im Mourne Countryside Centre, 91 Central Promenade, Newcastle; Photoausstellung; tägl. geöffnet Juli–Aug.; Eintritt frei.

■ **Karte**

OSNI 1:50 000, Blatt 29.

Ein anstrengender, aber landschaftlich reizvoller Abschnitt der Wanderung: der Anstieg entlang dem Glen River, der über Felsen abstürzt.

30 In den Mourne Mountains

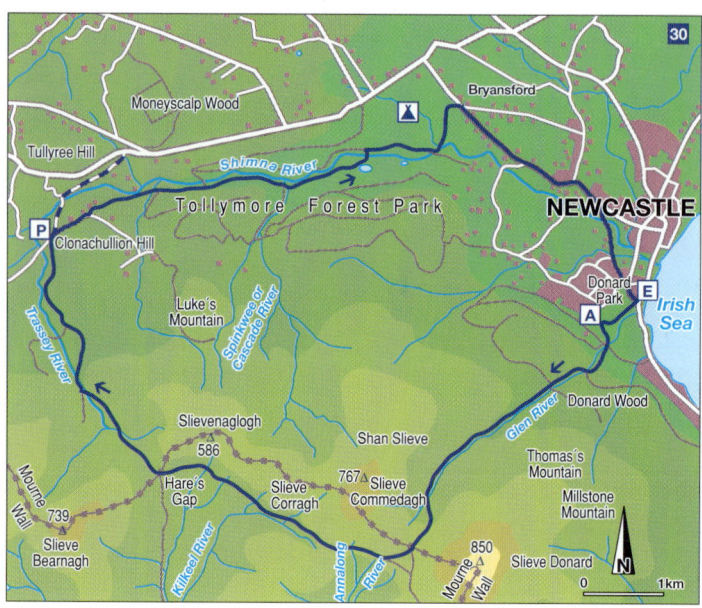

■ Variante

Länge 14 km; Gehzeit 4 1/2 Std.
Wegverlauf: wie oben bis zur
Straße im Tal des Shimna River.
Hier biegen Sie nicht nach rechts
in den Tollymore Forest Park ab,
sondern gehen geradeaus und
gelangen nach Überqueren des
Shimna River an die R 180, Newcastle – Hilltown. Mit deutlichem
Handzeichen halten Sie den
Mourne Rambler Bus an, der Sie
nach Newcastle zurückbringt. Der
spezielle Wandererbus, der die
Mourne Mts. (Mourne Circular)
umrundet, fährt nur zwischen Anfang Juli und Ende August, Mo–Sa
jeweils morgens und nachmittags.
Abfahrt am Endpunkt der Wanderung gegen 15.30 Uhr. Genaue
Abfahrtszeit im Touristenbüro
erfragen oder über Tel. 0 13 96 7/
2 22 96. Wollen Sie per Taxi zurückkehren, müssen Sie sich vor Beginn
der Wanderung mit einem Taxifah-
rer (Donard Cabs, Büro in Donard
Street, Tel. 2 41 00) verabreden.

■ Programm für Regentage

Inch Abbey: Ruinen eines Zisterzienserklosters (1189); bei Down-
patrick, 17 km nordöstlich von
Newcastle.

Reiseinformationen

■ Ausrüstung

Da die hier beschriebenen Wanderungen keine alpinen Anforderungen stellen, genügt die übliche Ausstattung für Tageswanderungen. Bei der Auswahl der Kleidung sollte man grundsätzlich darauf achten, daß nichts einengt und sowohl Unter- als auch Oberbekleidung aus schnelltrocknenden Fasern besteht, z. B. aus Mikrofasern, die bewirken, daß die Feuchtigkeit nach außen gelangt. Da sich sowohl die Körper- als auch die Außentemperatur im Verlauf der Tour verändert, empfehlen sich als Oberbekleidung mehrere Lagen: T-Shirt, Bluse bzw. Hemd, bequeme Trekkinghose, leichter Pullover, Regenschutz. In Irland sind Regenjacke und Regenhose einem Regenumhang oder gar Regenschirm vorzuziehen, denn mitunter bläst ein kräftiger Wind. Handschuhe und Wollmütze sind nur im zeitigen Frühjahr und im Herbst notwendig.

Da die meisten Touren sowohl über offenes Bergland mit heidebewachsenem, nach Niederschlägen teils morastigem Boden als auch auf Straßen verlaufen, ist man mit knöchelhohen, möglichst wasserdichten Wanderstiefeln am besten gerüstet. Als nützlich haben sich, vor allem in kniehoher Heide, Gamaschen erwiesen.

■ Essen und Trinken

Nicht in jedem Weiler, den man passiert, findet man einen Laden oder einen Pub. Almhütten oder Wandererheime gibt es überhaupt nicht, und vom Genuß des Wassers der Bergbäche wird wegen möglicher Verunreinigung abgeraten. Man sollte deshalb genügend Flüssigkeit - als Faustregel gilt ein Liter pro Person - und für eine »Brotzeit« geeignete Lebensmittel mitnehmen, z.B. Vollkornbrot, Hartkäse, hart gekochte Eier. Geräucherte Wurst ist in den irischen Lebensmittelgeschäften nur bedingt zu finden. Da die Zollbestimmungen aber nur die Einfuhr von frischen Fleischprodukten verbieten, kann man geräucherte Wurst sowie Wurstdosen mitbringen oder aber vor Ort nach Alternativen Ausschau halten wie Frühstücksfleisch in der Dose oder Brotaufstriche aus der Tube (spread).

■ Nützliches unterwegs

Im Tagesrucksack sollten auch immer folgende nützliche Kleinigkeiten enthalten sein: eine kleine Apotheke mit Heftpflaster sowie Leukoplast, Schere, elastische Binde, Desinfektionsspray, kühlender Mückenstift, Kopfschmerztabletten. Des weiteren Reisenähzeug, Sonnenschutzcreme, Taschenmesser.

■ Karten

Obwohl die Wanderungen so genau wie möglich beschrieben wurden, dient es der eigenen Sicherheit, die jeweils angegebene Wanderkarte – mit Kartentasche wegen des Regens – dabei zu haben. Die Kartenangaben beziehen sich auf die »Discovery Series«, 1:50 000, Hrsg. Ordnance Survey of Ireland (abgekürzt mit DS). Die Karten sind in größeren Buchläden erhältlich; allerdings wird die ganze Reihe erst 1997 vollständig publiziert sein. Die Kartenserie von Ordnance Survey of Northern Ireland im Maßstab 1:50 000 (abgekürzt mit OSNI) besteht aus 18 Kartenblättern. In Deutschland können die Karten bestellt werden bei Celtic Travel, Buch- und Reiseservice, Bulmannstr. 26, 90459 Nürnberg, Tel. 09 11/4 39 89 28 und Dr. Götze, Land und Karte, Bleichenbrücke 9, 20354 Hamburg, Tel. 0 40/3 48 03 13, Telefax 0 40/3 48 13 18.

■ Anreise nach Irland

Vielfältig sind die Möglichkeiten, sehr unterschiedlich die Kosten. Umfassende Information vor der Buchung hilft, die jeweils geeignete und günstigste Anfahrt zu finden. Einen ersten Überblick geben die Broschüren des Irischen Fremdenverkehrsamt »Irland«, »Irland – Europas grüne Ferienseiten« sowie »Autofähren«. Wesentlich detaillierter informiert das »Tarifdschungelbuch Light«, eine Zusammenstellung der verschiedenen Anreisemöglichkeiten mit aktuellen Preisangaben, herausgegeben von Gaeltacht Reisen, Schwarzer Weg 25, 47447 Moers, Tel. 0 28 41 / 93 01 11, einem Reiseveranstalter, der sich auf Irland spezialisiert hat und bei dem man bestens informiert wird.

■ Anreise zu den Ausgangspunkten der Wanderungen in Irland

Am einfachsten ist die Anreise mit einem *PKW*. Erwähnt werden muß leider, daß auch in Irland inzwischen Autos aufgebrochen werden und immer häufiger Warnschilder, vor allem in Touristengebieten, darauf hinweisen, nichts im Auto liegen zu lassen.

Wo die Anreise auch per *Bus* möglich ist, wurde auf die Verbindung unter dem Stichwort »Anreise« am Ende jeder Tour hingewiesen. In der Republik Irland ist die staatliche Busgesellschaft »Bus Eireann« für den Busverkehr zuständig: Alle größeren Städte werden mindestens einmal täglich durch die Expressway-Linien angefahren, die Dörfer durch die »local bus services« oft nur einmal pro Woche. Im Sommer (meist Mitte Juni-Mitte Sept.) werden in touristisch interessanten Gebieten zusätzliche Buslinien eingerichtet (»summer service«).

Über sämtliche Buslinien informiert der »Bus Eireann Timetable«, der zu einem geringen Preis erhältlich ist in den großen Busstationen (Dublin, Ballina, Cork, Ennis, Galway, Killarney, Letterkenny, Limerick, Sligo, Tralee, Waterford) sowie den Informationscentren in Rosslare und Dun Laoghaire. Es empfiehlt sich, möglichst bei der Ankunft einen Fahrplan zu kaufen, denn in den kleineren Orten im Land hat man Schwierigkeiten, einen zu bekommen. Telefonische Fahrplanauskunft: 01/8 36 61 11.

Busfahren ist relativ billig. Wer viel mit dem Bus reisen möchte, für den empfiehlt sich das „Rambler Ticket". Es ist gültig für alle Bus Eireann-Linien und beruht auf dem Prinzip, daß man innerhalb eines festgelegten Zeitraums nur an 3, 8 oder 15 Tagen reist. Welche Tage das sind, legt man selbst fest. Es gibt keine Kilometerbeschränkung.

Die Fahrpläne der Busgesellschaft »Ulsterbus«, unterteilt in mehrere Regionen Nordirlands, sind erhältlich in den Ulsterbus-Büros in Belfast, Larne, Coleraine, Newry, Newcastle und Enniskillen. Tel. Auskunft: 0 12 32/33 30 00. Das Touristenticket »Freedom of Northern Ireland« gilt für 1 oder 7 Tage auf allen im Fahrplan aufgeführten Buslinien.

Mit der *Bahn* zu den Wanderungen anzufahren ist nur dann möglich, wenn die Tour in einer Stadt beginnt, z.B. Killarney oder Clonmel, denn das Netz der Eisenbahnlinien in Irland ist bei weitem nicht so dicht wie das der Buslinien.

■ Unterkunft

Aktuelle Informationen zu den einzelnen Unterkunftsarten bieten die Verzeichnisse »Guest Accommodation« für die Republik Irland und »Where to stay« für Nordirland, beide sind in den örtlichen Touristenbüros erhältlich. Dort können die Unterkünfte auch gebucht werden. Wer sich sein Quartier selbst suchen möchte, erkennt die von den Fremdenverkehrsverbänden (tourist boards) anerkannten Unterkünfte am Symbol eines dreiblättrigen Kleeblatts. Im folgenden eine kurze Übersicht:

(JH) Jugendherbergen
(Youth hostels)
Günstige Unterkünfte sind die rund 40 Jugendherbergen der irischen (IYHA An Óige) und die 8 der nordirischen Jugendherbergsorganisation (YHANI), die meist in landschaftlich schönen Gebieten liegen. Die Öffnungszeiten variieren, normalerweise jedoch sind die Herbergen zwischen Anfang Mai und Ende September geöffnet. Weitere Informationen findet man im »Irish Youth Hostel Association Handbook«, erhältlich in den Touristenbüros.

Unabhängige Herbergen
(Independent Hostels)
Mehr als 300 unabhängige Herbergen sind über ganz Irland verstreut. Da diese Häuser Privatleuten gehören, unterscheiden sich die ein-

zelnen, was Atmosphäre, Ausstattung und zusätzliche Angebote – Doppel- und Familienzimmer, Zeltmöglichkeit, Essen, Fahrradverleih – anbetrifft. Alle bieten jedoch Küchen zur Selbstverpflegung. Decken werden gestellt, Bettwäsche kann mitgebracht oder gegen eine Gebühr geliehen werden. Zum Übernachten ist keinerlei Mitgliedschaft notwendig. Aktuelle Informationen in der Broschüre »All the hostels«, erhältlich in den Touristenbüros oder bei Gaeltacht Reisen, Schwarzer Weg 25, 47447 Moers, Tel. 0 28 41/ 3 50 35.

Ferienhäuser und -wohnungen (self-catering accomodation)
Das Angebot reicht von modernen, komfortabel eingerichteten Häusern in speziell angelegten Ferienhaussiedlungen mit Einkaufs- und Sportmöglichkeiten bis zu einfachen renovierten Bauernhäusern in einsamer Landschaft. Rund 3000 Häuser und »Apartments« sind im »Self-catering guide« des Irish Tourist Board beschrieben, erhältlich in den irischen Touristenbüros. Die Organisation Irish Country Holidays, ein Zusammenschluß mehrerer kleinerer Tourismusverbände, bietet Ferienhäuser in den ländlichen Gegenden an. Info bei: Irish Country Holidays, Bord Na Mona House, 76 Lower Baggot Street, Dublin 2. Die in Nordirland angebotenen Ferienhäuser und -wohnungen werden im Unterkunftsverzeichnis des Northern Ireland Tourist Board beschrieben. Bei allen Ferienhäusern ist frühzeitige Anmeldung für die Hauptsaison notwendig.

Campingplätze (Camping & Caravan Parks)
Die meisten Plätze liegen an der Küste. Preise sowie Öffnungszeiten variieren stark, in der Zeit von Anfang Juni bis Ende August jedoch sind alle geöffnet. Information zu den Plätzen in der Republik gibt es im Unterkunftsverzeichnis des Irish Tourist Board oder im bebilderten »Camping- und Caravanguide«, erhältlich in den irischen Touristeninformationsbüros. Die Campingplätze in Nordirland werden vom dortigen Tourist Board in einer Liste zusammengefaßt, die bei der Fremdenverkehrszentrale erhältlich ist.

Bed & Breakfast (B & B)
Überall in Irland signalisieren »B & B«-Schilder, daß man hier in einem Privathaus Bett und Frühstück angeboten bekommt. Die Ausstattung der Zimmer ist sehr unterschiedlich: vom einfachen Zimmer ohne fließend Wasser – in diesem Fall benützt man das Privatbad der Familie – zum sogenannten »room en suite« mit kleinem Bad oder zumindest einer Dusche. In der Regel steht den Gästen im Haus eine »lounge« zur Verfügung, ein Wohnzimmer, meist mit Fernsehapparat, wo man sich am Abend zusammen

mit den anderen Gästen aufhalten kann. Die Atmosphäre ist herzlich, und man kommt meist mit den Gastgebern ins Gespräch. Außer dem Frühstück (im Preis inbegriffen) wird in manchen Häusern auch »dinner« (warmes Abendessen) oder »high tea« (kleineres warmes oder kaltes Gericht sowie Tee und Gebäck) angeboten, was jedoch rechtzeitig bestellt werden muß.

Pensionen (Guesthouses)
»Guesthouses« stehen zwischen B & B-Unterkünften und Hotels: Sie haben weniger Zimmer als Hotels, meist zwischen 5 und 15, dafür aber häufig eine Bar im Haus oder zumindest eine Schanklizenz, in der Regel aber kein Restaurant. Dennoch kann man meistens essen, jedoch nicht à la carte. Alle Zimmer sind mit fließend Wasser, die meisten mit einem Bad ausgestattet. Detaillierte Auskünfte erhält man in den Unterkunftsverzeichnissen der Tourist Boards.

Hotels
Ca. 650 Hotels in der Republik und 120 in Nordirland sind von den Fremdenverkehrsverbänden anerkannt und in 5 Kategorien eingeteilt. Daran orientieren sich die Preise, die geringfügig über denen eines »guesthouse« liegen, aber auch astronomische Dimensionen annehmen können.

Besonders teuer sind diejenigen, die in ehemaligen Herrenhäusern eingerichtet wurden, sogenannte »Manor House Hotels« mit ganz individueller Atmosphäre und in landschaftlich reizvoller Gegend. Auch Country Hotels liegen in schöner Landschaft, während die Village Inns traditionsreiche Hotels in Siedlungen sind. Informationen bieten die Broschüren »Hotels of Ireland« und »The Blue Book«, eine Auflistung der besonders exquisiten Irish Country Houses; beide sind in den Tourismusbüros erhältlich.

Noch ein Hinweis: Die Erwähnung der einzelnen Unterkünfte am Ende jeder Tour beinhaltet keine Wertung; die Entfernung zum Ausgangspunkt war das entscheidende Auswahlkriterium.

■ Nützliche Adressen

- Irische Fremdenverkehrszentrale, Untermainanlage 7, 60329 Frankfurt/Main, Tel. 0 69/23 64 92.
- Nordirische Fremdenverkehrszentrale, Taunusstraße 52–60, 60329 Frankfurt/Main, Tel. 0 69/23 45 05.
- Celtic Travel Buch- und Reiseservice, Bulmannstr. 26, 90459 Nürnberg, Tel. 09 11/4 39 89 28; Bestelladresse für die verschiedenen Unterkunftsführer – für Jugendherbergen, B & B-Unterkünfte, Ferienhäuser, Campingplätze.
- Deutsche Botschaft in Dublin (German Embassy), 31 Trimleston Avenue, Booterstown, Co. Dublin, Tel. 01/2 69 30 11.

Ortsregister

Kursive Ziffern beziehen sich auf Abbildungen, geradestehende auf Textstellen.

Allihies 60
Altan Lough 102

Burren 12, 75, *76*, 78
Ballycrovane Ogham Stone 16, 37, 39
Béara-Halbinsel 37, *38*, 41
Ballyferriter 65, 66, 67
Ballydavid 68, 71
Ballyvaughan 75, *75*, 78
Bricklieve Mountains 92, 93, *93*, 94
Boyle 94
Ballintoy 108, 110, 111
Ballycastle 114

Croagh Patrick 14, 85, *85*, 86, *86*, 87
Connemara 14, 79, 80, 81
Carrowmore 15 89, 90, *90*
Carlingford 20, 22, *22*, 23
Clonmel 31, 33, 36
Carrick-on-Suir 32, 33
Climber's Inn 55, *55*, 56, 57
Caherdaniel 58, 61
Cliffs of Moher 73, *73*, 74
Carrowkeel 15, 94

Dingle-Halbinsel 10, 14, 16, 66, 69, 71
Dingle (Town) 63, 64, 67
Donegal 14, 101, 102, *104*, *105*, 107

Dunbeg Promontory Fort 16, 63, *63*, 64
Dunloe Ogham Stones 16, 54
Derrynane House 58, 59, 61
Dunquin 64, 67
Doolin 74
Dunlewy 103, 104, 107
Dunseverick Castle 109

Glendalough 12, 16, 24, 25, *25*, 26, 27, *29*, 30
Glens of Antrim 12, 14, 115, *115*, *117*
Glencolumbkille 18, 99, *99*, 101
Gap of Dunloe 51, 52, 54
Gallarus Oratory 67, 68, 71
Glenveagh Castle 105, *105*, 106, 107
Giant's Causeway 109, 110, 111
Glenariff Forest Park 115, 117, *117*, 118

Killarney 12, 43, 46, 48, 49, 50, 51, 54, 57
Kilmalkedar 16, 69, *69*, 71
Knockmealdown Mountains 34, 35
Kate Kearney's Cottage 51, *52*, 54
Kildurrihy 62, 63
Kylemore Abbey 79, *79*, 80, 81
Killary Harbour 82, 84
Knocknarea 89, 90, 91

Laragh 26, 27, *27*
Letterfrack 81

Leenaun 84
Letterkenny 104, 107

Muckross House 17, *44*, 45, 46, 48, 50,
Mourne Mountains 22, 119, 121, 122
Mount Eagle 62
Murrisk (Abbey) 85, 87, 88
Murlough Bay 112, *112*, 113, 114

North Antrim 108
Newcastle 119, 120, 121, 122

Portballintrae 110, 111
Portbradden 109

River Suir 31, 32, *33*, 35
Rosroe 83, 84
Ross Castle 47, 49, 50

Sligo 15, 18, 89, 90, 91, 94
Staigue Fort 16, 61
Slieve League 95, 97, *97*
Slieve Donard 118

Teelin 95, *96*, 97, 98
Tollymore Forest Park 120, 121, 122

Ulster 14, 21, *115*

Ventry 63, 64

Wicklow Mountains *9*, 24, 28
Westport 18, 87, 88
Waterville 60, 61